MİMARLIK VE KADIN KİMLİĞİ

ÇAĞDAŞ MİMARLIK SORUNLARI DİZİSİ

MİMARLIK VE KADIN KİMLİĞİ

BOYUT YAYIN GRUBU

Boyut Kitapları
Arredamento Mimarlık
Çağdaş Mimarlık Sorunları Dizisi 2
Mimarlık ve Kadın Kimliği
Dizi Sorumlusu: **Nuray Togay**
Kitap Tasarım Konsepti: **Emre Çıkınoğlu, BEK**
Uygulama: **Özlem Özgüt**

Bu kitabın her türlü yayın hakkı Fikir ve Sanat Eserleri Kanunu gereğince Boyut Yayıncılık AŞ'ye aittir. Tanıtım amacıyla yapılacak kısa alıntılar dışında, yayıncının yazılı izni olmaksızın hiçbir yolla çoğaltılamaz.

ISBN: 975-521-561-1
Basım: **Mart 2002**
Baskı: **Boyut Matbaacılık AŞ**,
Yüzyıl Mahallesi Mas-Sit,
Matbaacılar ve Ambalajcılar Sitesi No: 115,
34554 Bağcılar, İstanbul
Tel: 0212 629 53 00
Faks: 0212 629 05 74-75
www.boyut.com.tr
info@boyut.com.tr

Giriş
7

**Mimarlıkta Kadının Rolü:
Dünyaya ve Türkiye'ye
Genel Bir Bakış**
Neslihan Türkün Dostoğlu
9

**Modern Türkiye'nin
İnşasında Kadın Mimarlar**
Özlem Erdoğdu Erkarslan
27

**Yarışmalarda Gündeme
Geldiği Biçimiyle Türk
Kadın Mimarların
Etkinlikleri (1938-1969):
Bir Kronolojik Döküm**
Özlem Erdoğdu Erkarslan
65

**Türkiye'de Kadın Mimarlar
(1934-1960)**
Yekta Özgüven
79

Kadın ve Mekan Etkileşimi
Serap Kayasü
101

Yazarlar
106

GİRİŞ

Mimarlıkta "gender" sorunsalı yeni bir kavram. Sorunsalı iki açıdan ele almak olanaklı: Birincide mimarlık ürününün toplumsal ve fiziksel cinsiyet örüntüleriyle ilişkisi irdeleniyor. İkincideyse, mimarın cinsel kimliğinde odaklanılıyor. Sözgelimi, eşcinsellik olgusu ile eşcinsel mimarların yapıtları arasında nasıl bir tasarımsal bağlantı bulunduğunu tartışmak birinci araştırma alanının konusunu oluşturur. Mimarın cinsel kimliği ile meslek alanının biçimlenişi arasındaki ilişkiler ise ikinci alanın kapsamındadır. Bu kitap bu son konuyu Türkiye'de kadın mimarların etkinlikleri ve kimlikleri bağlamında aydınlatmaya yönelik bir girişim. Amaç, sosyal bilimlerde "toplumsal cinsiyet" olarak adlandırılan bir çerçevede, kadının mimarlık mesleği içindeki serüvenini izlemek.

Kitabın birinci metni Neslihan Türkün Dostoğlu tarafından yazıldı ve "Mimarlıkta Kadının Rolü: Dünyaya ve Türkiye'ye Genel Bir Bakış" başlığını taşıyor. Yazı, Türk kadın mimar kariyerinin oluşumunu gelişmiş merkez ülkelerindeki paralel gelişmelerle bağlantılı olarak ele almakta. Özlem Erdoğdu Erkarslan'ın "Modern Türkiye'nin İnşasında Kadın Mimarlar" adlı çalışması ise, kadın mimarın gündeme gelişini Erken Cumhuriyet'in kadının toplumsal cinsiyetini modernleştirmeye yönelik politikaları bağlamında "okuyor". Yine Özlem Erdoğdu Erkarslan'ın hazırladığı "Yarışmalarda Gündeme Geldiği Biçimiyle Türk Kadın Mimarların Etkinlikleri (1938-1969): Bir Kronolojik Döküm" adlı çalışma, birkaç onyıl boyunca Türkiye'de mesleğe katılım için temel fırsatı oluşturan yarışmalardaki kadın katkısını belgeliyor. Bu dökümün ortaya koyduğu büyük bir olanak var. Sunulan malzeme başka araştırmacılar tarafından farklı sayısal analizler ve yorumlarla zenginleştirilmeye de olanak sağlayabilecek nitelikte.

Yekta Özgüven'in "Türkiye'de Kadın Mimarlar (1934-1960)" başlıklı yazısı büyük oranda kendisinin gerçekleştirdiği sözlü tarih çalışmalarının verilerine yaslanıyor. Özgüven, ilk kuşağın otuzdan fazla kadın mimarıyla yaptığı görüşmelere dayanarak, onların ailevi kökenlerini, mesleğe başlama güdülerinin ardında yatan nedenleri, mesleğe atılma aşamasındaki özgül mesleki bilinç düzeylerini, mesleki yönelimlerini ve kariyerlerinde kadın kimliğinin oluşturduğu açmazlar ile avantajları sorguluyor. Bu ağırlıklı biçimde niceliksel bir araştırma olarak nitelenebilir. Serap Kayasü'nün "Kadın ve Mekan Etkileşimi" adlı yazısı ise, kitabın "gender" sorunsalını kariyer oluşturma açısından değil, ürün niteliği açısından irdeleyen tek metni.

Yazıların tümünün genel özelliği konuyu Türkiye bağlamında ele alan öncü çalışmalar sayılabilecek kadar taze oluşları. Bu konuda daha yapılacak epeyi iş olduğunu belirtmek zorundayız.

MİMARLIKTA KADININ ROLÜ: DÜNYAYA ve TÜRKİYE'YE GENEL BİR BAKIŞ

NESLİHAN TÜRKÜN DOSTLUĞU

MİMARLIKTA KADININ ROLÜ

Mimarlık tarihi ve teorileri üzerine yazılmış eserlerin pekçoğunda kadınların mimarlığa katkılarından söz edilmez. Gerçekten de, M.Ö.1 yüzyılda Vitruvius tarafından kaleme alınan ve tarihteki ilk mimarlık kitabı olarak bilinen *Mimarlık Üzerine On Kitap*'tan başlayarak mimarlıkla ilgili yazılı eserlerde son yıllara kadar kadın mimarların rolü göz ardı edilmiştir. Oysa, insanlığın başlangıcında kadınlar tarihteki ilk yapı ustaları (builder) olarak görülmektedir. Toplumdaki ilk işbölümünden sonra erkekler avcılık, kadınlar ise önce toplayıcılık, daha sonra ise ekili alanların denetimi görevlerini üstlendiklerinde, mekansal ve fonksiyonel olarak belli bir lokaliteye bağımlı kalan kadın, ilk barınakların da sorumlusu olmuştur. Kadınlar ilk yapı ustaları oldukları halde, kültürün fonksiyonu olan mimarlığın, barınma ve hayatta kalabilmenin fonksiyonu olan inşaat yapımından farklılaşması sürecinde marjinal bir rol üstlenmişlerdir (Torre, 1977, s. 11). M.Ö. 3000 yıllarında Orta Doğu'daki kentsel devrim sırasında gerçekleşen toplumsal işbölümünde, bazı grupların tarım dışı işleri üstlenebilmeleri ile mimarların ilk kez ortaya çıktığı dönemden itibaren kadına pasif, erkeğe yaratıcı bir rol uygun görülmüştür.

Mekanın oluşmasında kadına önemsiz rollerin verilmesi 18. yüzyılın ortalarından 19. yüzyılın başlarına kadar Batı'da mimarlık mesleğinin tanımlanması sürecinde de geçerli olmuştur. Erkeklerin egemen olduğu Beaux-Arts atölye geleneğinin uygulandığı bu dönemde, konut mimarisi

1914'te kurulan İnas Sanayi-i Nefise Mektebi'nin atölyesinde öğrenciler modelle.

ve özellikle iç mekanlar kadınların uzmanlaştığı alanlar olarak belirmiştir çünkü bu tür bir mimarlık diğer kadınların gereksinmeleri ile ilgilidir ve erkek mimarlar tarafından cazip bulunmamaktadır (Wright, 1977, s. 280). 19. yüzyılın ikinci yarısında Viktoryan toplumun katı cinsiyet ayrımı kadınların daha karmaşık projeleri üstlenmelerini engellemiştir. Ev, duygusal olan kadına, rekabete açık dış dünya ise erkeğe uygun görülmektedir. Kadınların çalışma hayatını tercih ettiği durumlarda da evle ilgili konulara eğilmesi beklenmektedir. Renk ve kumaş seçiminde kadının uzman olduğu düşünülmekte, dolayısıyla konut tasarımında daha başarılı olacağı tahmin edilmektedir. Kadınlar bu dönemde, mesleki düzeni değiştirmek için belli bir dayanışma içinde olmadıklarından, meslekleriyle ilgili olarak ancak küçük ölçekli iyileştirmelerle yetinmek zorunda kalmışlardır.

21. yüzyılın başlarında kadın mimarlarla ilgili sorunların değişik boyutlarda devam etmekte olduğunu görmekteyiz. Mimarlık alanındaki gelişmelerde özellikle 19. yüz-

yıl sonundan itibaren dünyada ön planda olan Amerika Birleşik Devletleri'nde bile kadın mimarların konumunun günümüzde tatmin edici bir aşamaya ulaştığı söylenemez. 1970'lere gelindiğinde Amerikan mimarlık okullarında bayan öğrenci oranı %8.4 iken (Torre, 1977, s. 149), daha sonra bu oran giderek artmış ve 1990'larda lisans ve yüksek lisans programlarındaki toplam öğrenci sayısının üçte birine ulaşmıştır (Bussel, 1995, s. 45). Sayılardaki bu artışa rağmen kadın mimarların tanınması erkek meslektaşlarına oranla daha sınırlıdır. Gerçekten de, mimarlık dergilerinde ve kitaplarında eserleri yayınlanan en az on yıllık mimarlardan pek azı kadındır. Amerika Birleşik Devletleri'ndeki meslek odalarına kayıtlı kadın mimarların düşük oranı [1970'lerde tüm mimar sayısının %3.7'si (Torre, 1977, s. 157)] kadınların mesleklerini daha az oranda uygulayabildiklerini göstermektedir. Bunun en büyük nedeni, kadının anne olma sürecinin, onun mesleki açıdan ilerleyebilmesinde önemli bir engel teşkil etmesidir. Kadınların oranı sadece serbest büro sahipliğinde değil, mimarlık eğitimi alanında da düşüktür. 1990'da ACSA tarafından sağlanan bilgiye göre mimarlık eğitimi veren okullardaki öğretim üyelirinin ancak %15.7'si kadındır (Kingsley, 1988, s. 18). Kadınların yüzdesi, son sınıfların mimari tasarım derslerinde ve idari görevlerde daha da düşüktür. Kadınlar hakkındaki bir başka araştırma ise Amerika'da, yeteneklerin daha sınanmadığı işe başlama döneminde bile kadın mimarların erkeklerin eline geçen maaşın %60'ını kazandıklarını göstermektedir. (Torre, 1991, s, 74). Kısacası, mimarlıkta kadının rolü irdelendiğinde, toplumdaki ilk işbölümünden sonra kadınların ilk yapı ustası görevini üstlendikleri, ancak Amerika Birleşik Devletleri örneğinde izlenebildiği gibi tarih boyunca kadınların mimarlık mesleğinde arka planda kaldıkları görülmektedir. Benzer gelişmeler Türkiye'de yaşayan kadın mimarlar için de söz konusu olmuştur.

TÜRKİYE'DE CUMHURİYETİN İLK DÖNEMİNDE MİMARLIK

1923'te Türkiye'de Cumhuriyet'in ilan edilmesinden günümüze kadar devam eden süreçte mimarlık kültürü, 1923-1950, 1950-1980, 1980 ve sonrası olmak üzere üç dönemde incelenebilir. Birinci dönemde Kemal Atatürk'ün otoriter ve devletçi yaklaşımı mimarlıkta etken olmuş, 1950'lerde başlayan ikinci dönemde Türkiye'ye yapılan dış yardımlar ve yabancı uzmanların ülkeye gelişi ile Uluslararası Stil yaklaşımı, mimarlar arasında benimsenmiş, 1980'lerde ise liberal ekonomi çerçevesinde ulusalcı kalkınma anlayışları reddedilmiş ve çeşitli paradokslarıyla postmodern kültür Türkiye'ye yerleşmiştir (Türk mimari kültüründe modernizmin serüvenini inceleyen yazısında Bozdoğan bu süreci 1930'larda Kemal Atatürk, 1950'lerde Adnan Menderes, 1980'lerde ise Turgut Özal'ın izlerini taşıyan üç dönemde ele almaktadır. Bkz. Bozdoğan, 1998, s. 121). Bu makalede, özellikle Türkiye'de Cumhuriyet'in ilanından 1950'lere kadar süren ilk dönemde kadın mimarların konumu irdelenerek, konuyla ilgili pek az bilginin bulunduğu söz konusu döneme ışık tutulması amaçlanmaktadır.

Türkiye'deki mimarlık eğitimi 19. yüzyılın sonuna kadar "usta-çırak" ilişkisine dayanır. 1882'de kurulan ve resim, heykel, mimarlık bölümlerini içeren Sanayi-i Nefise Mekteb-i Alisi'nde ilk kez Batı'lı anlamda sanat eğitimi uygulanmıştır. 1773'te Mühendishane-i Bahri-i Hümayun adıyla eğitime başlayan, 1928'de Yüksek Mühendis Mektebi, 1944'de İstanbul Teknik Üniversitesi adını alan ikinci bir okul, öğrencileri teknik personel olarak, daha sonra ise inşaat mühendisi ve mimar olarak yetiştirmiştir (Anadol, 1994, s. 236-241). Cumhuriyet'in kurulmasından sonraki on yıl içinde yönetim ve eğitim politikalarındaki reformlar paralel olarak gelişmiş, mimarlıkta rasyonel bir yaklaşım benimsenmiş ve Doğulu mistik düşünceden uzaklaşılması amaçlanmıştır (Sözen & Tapan, 1973, s. 14-19). Gerek yurtiçindeki söz konusu okullardan, gerekse yurtdışındaki mimarlık okullarından mezun olanlar Türkiye'de değişik dönemlerde farklı mimari çizgileri benimsemişlerdir. 2. Meşrutiyet sonrasında, İttihat ve Terakki Fırkası'nın siyasal, toplumsal, ekonomik ve kültürül alandaki girişimleri çerçevesinde Selçuklu ve Osmanlı dönemi mimarlık öğelerinden esinlenen ve Birinci Ulusal Mimarlık olarak bili-

Güzel Sanatlar Akademisi'nden 1942 yılında mezun olan Türkiye'nin ilk kadın mimarlarından Mualla Eyüboğlu Anhegger ve Harika Alpar Söylemezoğlu, Akademi'deki sınıf arkadaşlarıyla, 1939.

nen yaklaşım Cumhuriyet ilan edildikten sonra da 1927 yılına kadar etkili olmuştur. 1930'larda çoğu Alman ve Avusturyalı olan yabancı mimarlar Türk mimarlık okullarının eğitim kadrosuna katılmışlar ve bu süreç içinde Batı'daki mimari gelişmelerin Türkiye'deki etkisi giderek artmıştır. Bu dönemde Türkiye'de inşa edilen binalarda cepheler bezemelerden arındırılmış, geniş pencereler ve düz çatılar tercih edilmiştir. Yayın hayatına 1931'de başlayan ve üç yıl sonra *Arkitekt* olarak ismi değiştirilen *Mimar* dergisi 1930'lu yıllarda mimarlıktaki modernizmi Kemalizm'le özdeşleştiren yazılar yayınlamakta, Cumhuriyet ilkelerinin halka yayılmasında en etkili olabilecek binalar (okullar, halkevleri, sergiler, fuar pavyonları, vb.) genç Türk mimarları tarafından yaygın olarak inşa edilmektedir (Bozdoğan, 1998, s. 123). 1940-1950 yılları arası ise 2. Ulusal Mimarlık Dönemi olarak bilinmekte ve esin kaynağı olarak geleneksel Türk konutları ele alınmaktadır. Türkiye'de mimarlık eğitimi veren kurumlardaki pekçok öğretim üyesinin benimsediği ulusallık anlayışı, o dönemde Türkiye'nin kültürel ve politik ilişkiler içinde olduğu Al-

Üstte: Harika Alpar Söylemezoğlu Güzel Sanatlar Akademisi'nde, 1939.

Altta: Harika Alpar Söylemezoğlu ve eşi Kemali Söylemezoğlu, Çifte Minare restorasyonu sırasında Erzurum'da, 1944.

Karşı sayfa: Mualla Eyüboğlu Anhegger ve Harika Alpar Söylemezoğlu, 21 Haziran 1939.

MİMARLIK VE KADIN KİMLİĞİ 15

manya'da uygulanan anıtsal tasarım eğilimlerinden de etkilenmiştir (Sözen & Tapan, 1973, s. 243-251). Ancak bu dönemde, modernizmin reddedildiği savlarının yerine geleneksele modernist bir açıdan bakıldığını söylemek mümkündür (Bozdoğan, 1998, s. 124-125). İkinci Ulusal Mimarlık Dönemi sürecinde, 1944 yılında Yüksek Mühendis Mektebi, İstanbul Teknik Üniversitesi'ne dönüşmüş ve bir Mimarlık Fakültesi kurulmuştur. Burada eğitim görevini üstlenen Türk ve yabancı öğretim üyeliri Batı'da uygulanan ders programlarını benimsemiş ve yeni eğitim metodları denemişlerdir.

TÜRKİYE'DE CUMHURİYET DÖNEMİNDE KADIN MİMARLAR

Türkiye'de Cumhuriyet'in ilanından sonra mimarlık alanındaki gelişmeler sürecinde kadınların konumu incelendiğinde, ataerkil, dini bir yapıdan laik bir yapıya geçişin etkilerini görmek mümkündür. Osmanlı İmparatorluğu'nun ancak son dönemlerinde, 19. yüzyılın birinci yarısında Sultan Abdülmecid'in politik reformları sırasında başlayan ve 1908-1919 yılları arasında İkinci Meşrutiyet Döneminde kapsamı genişleyen Batılılaşma ve Modernleşme sürecinde kadınlar toplumsal yaşama katılabilmişlerdir. İkinci Meşrutiyet döneminde, kadın erkek eşitliğini ve kadınların çalışmasını savunan derneklerin kurulması, Üniversitelerde kız ve erkek öğrencilerin derslere birlikte girmeye başlaması ve ilk kez Müslüman kadınların tiyatroya katılması gibi kadınların mahrem özel dünyaları dışına çıkmalarıyla ilgili gelişmeler yaşanırken, devlet kadının dış yaşamını kontrol etme ve cinslerin kentsel yaşamdaki birlikteliklerine sınırlamalar getirmeye devam etmiştir. Toplu taşıma araçlarında, sinema ve tiyatrolarda, restoranlarda kadınlar için özel bölümler mevcuttur. Bazı gevşemeler olsa da kadınlar ancak, çarşaf ve peçeden oluşan giysileriyle sokağa çıkabilmekte, birbirleriyle konuşurken yakalanan kadın ve erkeğe para ve falaka cezası verilmektedir (Göle, 1994, s. 36-38). Bireysel ve sanatsal gereksinimlerden kaynaklanmak yerine, Batılılaşma sürecinin bir halkası olarak 1914'te İstanbul'da kurulan ve kız öğrencilere sanat eğitimi veren İnas Sanayi-i Nefise Mektebi'nde

MİMARLIK VE KADIN KİMLİĞİ 17

Üstte: Mualla Eyüboğlu Anhegger, ağabeyi Sabahattin Eyüboğlu ve ağabeyinin eşi Magdelena Rufer ile, 1950.

Altta: Mualla Eyüboğlu Anhegger Gelibolu'da bir türbede çalışırken, 1948.

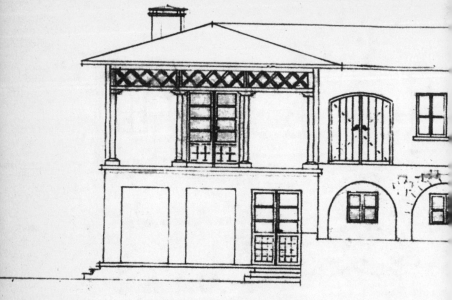

Üstte: Mimar Mualla Eyüboğlu Anhegger'in mimari projesini hazırladığı Pazarören Köy Enstitüsü İdare Binası, güney görünüşü.

Bir sonraki sağ sayfa: Mimar Mualla Eyüboğlu Anhegger'in mimari projesini hazırladığı Pazarören Köy Enstitüsü İdare Binası, alt kat planı.

Bir sonraki sol sayfa: Mimar Mualla Eyüboğlu Anhegger'in mimari projesini hazırladığı Pazarören Köy Enstitüsü İdare Binası, üst kat planı.

resim eğitimi alan ilk öğrencilerin Osmanlı toplumunda Batılışmayı en önce kabul eden bürokrasiye mensup seçkin ailelerin kızları olması bu gelişmelerin olağan sonucudur (Sağlam, 1996, s. 159).

Bellerine peştemal bağlanmış Yunan heykellerinin kız öğrenciler tarafından çıplak model olarak kullanıldığı Sanayi-i Nefise Mektebi'nden (Göle, 1994, s. 24), son yıllarda toplam öğrenci sayısının %50'sini kızların oluşturduğu Mimarlık Bölümlerinin itibarını uluslararası platformda artırmak amacıyla kalite değerlendirmesi sistemlerini savunan Üniversite'lere uzanan süreçte Cumhuriyet yönetiminin önemli katkıları olmuştur. Gerçekten de, Türkiye'de kadınların "erkek mesleği" olarak bilinen mimarlığa ilgi duymaya başlaması, Cumhuriyet'in kurulmasından sonra, Atatürk'ün Türkiye'deki modernleşme projesinde kadınlara verdiği önem dolayısıyla söz konusu olmuştur (Arat, 1998, s. 82-98). İlk kadın mimarlar, Sanayi-i Nefise Mekteb-i Alisi olan ismi 1928 yılında Güzel Sanatlar Akademisi olarak değiştirilen okuldan 1934 yılında mezun

olan Leman Tomsu ve Münevver Belen'dir. Tomsu ve Belen'in çalışma hayatına başladığı yıllarda kadın hakları açısından Türkiye'de önemli adımlar atılmıştır. 1935 yılında otuz ülkeden kadın temsilcinin katıldığı 12. Uluslararası Kadınlar Kongresi İstanbul'da toplanmış ve kadın haklarıyla ilgili önemli kararlar alınmıştır. Aynı yıl Atatürk'ün desteğiyle 18 kadın parlamentoya girmiş, bu kadın milletvekillerinin oluşturduğu % 4.56'lık orana günümüze kadar erişilememiştir. Türkiye'de kadının eğitimine 1950'lere kadar özel önem verilmiş, sadece mimarlıkta değil pekçok meslek dalında kadınlar erkeklerle birlikte çalışma hayatında yerlerini almıştır. 1934-1950 yılları arasında Akademi mezunlarının %4-6'sı kadındır. Bu dönemde mevzun olan kadın mimarlardan Harika Alpar Söylemezoğlu ve Mualla Eyüboğlu Anhegger, çalışmalarıyla en çok tanınanlar arasında sayılabilir (Dostoğlu, 1998, s. 28-31). 1944'de İstanbul Teknik Üniversitesi Mimarlık Fakültesi'nin kurulması ve 1950'li yıllardan itibaren Türkiye'nin değişik bölgelerinde pekçok Mimarlık Bölümü'nün açılmasıyla birlikte Türkiye'deki kadın mimarların sayısı gi-

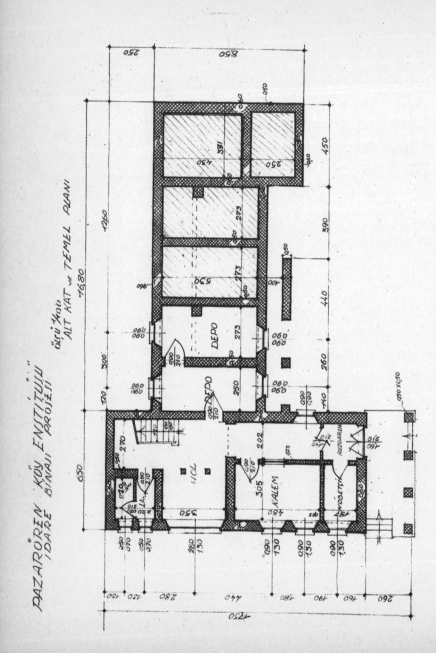

MİMARLIK VE KADIN KİMLİĞİ **21**

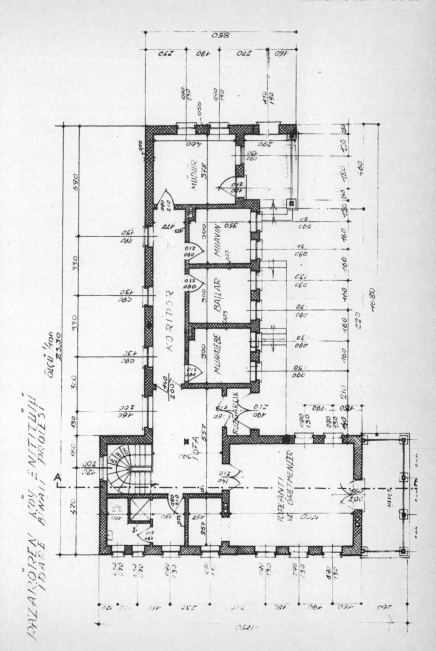

Üstte: Mimar Mualla Eyüboğlu Anhegger'in mimari projesini hazırladığı Hasanoğlan Köy Enstitüsü Marangozhane Binası, genel görünüş, 1944.

Karşı sayfa üstte: Mimar Mualla Eyüboğlu Anhegger'in mimari projesini hazırladığı Hasanoğlan Köy Enstitüsü Konservatuar Binası, plan, 1945.

Karşı sayfa altta: Mimar Mualla Eyüboğlu Anhegger'in mimari projesini hazırladığı Hasanoğlan Köy Enstitüsü Konservatuar Binası, genel görünüş, 1945.

derek artmıştır. 1980'li yılların ikinci yarısında ise bayan mimarlık öğrencileri ve mezunlarının oranı %50'ye ulaşmıştır. Bu artış, Türkiye'de mimarlığın artık erkekler için prestijli bir meslek olma özelliğini kaybettiğini, erkeklerin idari yapıyla direkt ilişkisi olmayan alanları kadınlara bırakarak, daha ödüllendirici meslekleri tercih ettiklerini göstermektedir (Acar, 1994, ss. 199-203).

Bu oranlar göz önüne alındığında, 1980'li yıllara kadar oluşan fiziksel çevrenin pek azının kadın mimarlar tarafından tasarlanmış olması şaşırtıcı değildir 1930 ve 40'lı yılların *Arkitekt* dergilerinde, kadın mimarların daha çok halkevleri, maliye binası, poliklinik binası gibi projelerle uğraştıkları görülmektedir Asıl şaşırtıcı olan, 1980'li yıllardan sonra kadın mimarların Türkiye'de fiziksel çevrenin oluşumuna katkısının sınırlı olmaya devam etmesidir. Mimarlar Odası Merkezi'nden alınan bilgilere göre 2002'de Oda'ya kayıtlı kadın mimarların toplam oranı yaklaşık olarak %33'dür. Bu oran kadın mezunların sayısının oldukça altındadır. Çeşitli araştırmalarda belirtildiği gibi, bu sonuçlar Türkiye'de mimarlık mezunlarının %50'sinin kadın olmasına rağmen kadın mimarların erkek meslek-

MİMARLIK VE KADIN KİMLİĞİ **23**

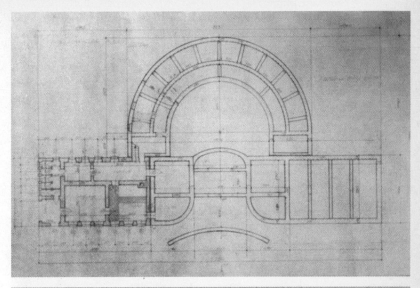

taşlarına oranla iş hayatına daha az katılabildiklerini göstermektedir. Araştırmaların ortaya çıkardığı bir başka gerçek de idari statüdeki kadın oranının oldukça düşük olmasıdır (Çimen, 1989, s. 54).

Yetmiş dokuz yıllık Cumhuriyet tarihimizde kadın mimarların konumu genel olarak incelendiğinde, Cumhuriyet'in 1923'te kurulmasının ardından Atatürk'ün "kadınları dışlayan bir milletin çağdaş olamayacağını; uygar bir ülkede kadınların erkekler kadar önemli bir rol oynayacağını" (Urgan, 1998, s. 119) vurgulamasının ve kadınların sosyal statüsünü iyileştirmek için çok kısa bir sürede, o dönemde Avrupa'daki bazı ülkelerde bile görülmeyen reformlar yapmasının Türkiye'de bazı paradokslara yol açtığı söylenebilir. Günümüzde Türkiye'de kadınların %27'si okuma-yazma bilmemektedir, %42'si ise sadece ilkokul mezunu olabilmiştir; ancak, üniversitelerdeki bayan öğrenci oranı %37'ye, Mimarlık Bölümlerindeki bayan öğrenci oranı %50'ye ulaşmıştır. Türkiye'deki Mimarlık Bölümleri'ndeki öğrencilerin oranları, okuma-yazma oranının Türkiye'ye göre çok yüksek olduğu Batı'daki ülkelerle paralellikler taşımaktadır. Bir başka benzerlik ise gerek Türkiye'de, gerekse dünyanın farklı ülkelerinde kadın mimar sayısı giderek artarken, kadınların fiziksel çevrenin tasarımıyla ilgili üstlendikleri sorumlulukta aynı oranda artış olmamasıdır.

Kaynaklar
F. Acar, "Türkiye'de Kadınların Yüksek Öğrenim Deneyimi", N. Arat (ed.), *Türkiye'de Kadın Olmak*, Say Dağıtım, İstanbul, 1994, s. 195-211.
S. Akşin, (yayın yön.), *Türkiye Tarihi 4: Çağdaş Türkiye 1908-1980*, Cem Yayınevi, İstanbul, 1997.
Ç. Anadol, (yayın koor.), *Dünden Bugüne İstanbul Ansiklopedisi*, Türkiye Ekonomik ve Toplumsal Tarih Vakfı, İstanbul, Cilt 4, 1994.
Y. Arat, "Türkiye'de Modernleşme Projesi ve Kadınlar", S. Bozdoğan ve R. Kasaba (ed.), *Türkiye'de Modernleşme ve Ulusal Kimlik*, Tarih Vakfı Yurt Yayınları, İstanbul, 1998, s. 82-98.
Arkitekt, Cilt: 6, no. 5-6, 1936, s. 142-144.
Arkitekt, Cilt: 6, no. 12, 1936, s. 330-332.
S., Bozdoğan, "Türk Mimari Kültüründe Modernizm: Genel Bir Bakış", S. Bozdoğan ve R. Kasaba (ed.), *Türkiye'de Modernleşme ve Ulusal Kimlik*, Tarih Vakfı Yurt

Yayınları, İstanbul, 1998, s. 118-135.
A. Bussel "Women in Architecture: Leveling the Playing Field", *Progressive Architecture*, Kasım 1995, s. 45-49, 86.
B. Çimen "Kadın Mimarlarımızın Konumu", *Mimarlık*, no.235, 1989/3, s. 52-54.
N. Dostoğlu "Türkiye'de Cumhuriyetin İlk Döneminde Kadın Mimarlar", *75 Yılda Değişen Kent ve Mimarlık*, Tarih Vakfı Yayınları, İstanbul, 1998, s. 28-31.
N. Göle, *Modern Mahrem*, Metis Yayınları, İstanbul, 1994.
K. Kingsley, "Gender Issues in Teaching Architectural History", *JAE*, no. 41/2, Kış 1988, s. 18-25.
M. Sağlam "Kimlik Sorunları Açısından Yeni Kadın ve Resim İlişkisi", *Sanat Dünyamız*, no. 63, 1996, s. 159-167.
M. Sözen, *Cumhuriyet Dönemi Türk Mimarlığı*, Türkiye İş Bankası Kültür Yayınları, Ankara, 1984.
M. Sözen ve M. Tapan *50 Yılın Türk Mimarisi*, İş Bankası Kültür Yayınları, İstanbul, 1973.
S. Torre, *Women in American Architecture*, Whitney Library of Design, New York, 1977.
S. Torre, "Book Review", *Design Book Review*, no.20, Bahar 1991, ss. 74-76.
M. Urgan, *Bir Dinazorun Anıları*, YKY, İstanbul, 1998.
G. Wright, "On the Fringe of the Profession: Women in American Architecture", S. Kostof (ed.), *The Architect*, Oxford University Press, New York, 1977, s. 280-308.

MODERN TÜRKİYE'NİN İNŞASINDA KADIN MİMARLAR

ÖZLEM ERDOĞDU ERKARSLAN

BAŞLARKEN

İzmir Yüksek Teknoloji Enstitüsünde "Mimarlıkta Kadın/ Woman in Architecture" adlı bir doktora dersi açtığımda uzun süre bu dersi almak isteyen öğrenci bulamadım. Belki de bu yüzden planladığım bu çalışma için bir süre bekledim. Kendi yüksek lisans ve doktora öğrenciliğim boyunca bir kitap beni çok etkiledi: Spiro Kostof'un *The Architect* adlı yapıtı. Bu kitapta beni etkileyen yalnız içerdiği çalışmaların niteliği değil, yazarının bir doktora dersi sonucunda öğrencileri ile birlikte ortaya çıkarttığı bir ürün olmasıydı. O zamandan beri iyi öğrencinin öğretim üyesini de nasıl motive edebildiğini düşünür dururdum. İtiraf etmeliyim ki, eğer 2000-2001 bahar döneminde Mimarlıkta Kadın dersini almak isteyen altı öğrenci olmasaydı, bu çalışma bir süre daha bekleyecekti. Kıvılcım Duruk, Zeynep Doğan, Yüksel Pöğün, Nevin Ay, Gökhan Kutlu ve Arda Beset hem derslerdeki tartışmalar, hem de mimarlar odasının arşivini tarayarak yaptıkları bibliyografya çalışması ile beni cesaretlendirdiler.

Dersin ön hazırlıklarında *Radikal Tarih* dergisinin (*Radical History*) kadın tarihi çalışmaları dikkatle incelendi. Bu dergi özellikle cinsiyet tarihi derslerinin öğretim üyeleri tarafından verilen tanıtımlarını, okuma listelerini ve haftalık programlarını da yayınlıyordu. Öğretim üyelerinin bir çoğu, Amerikan üniversitelerinde bu dersleri 1970'li yılların ortalarından beri vermekteydiler ve karşılaştıkları problemleri, bunlara karşı geliştirdikleri pedagojik yöntemleri de sözkonusu dergi içinde aktarıyorlardı. Hepsi de önemli bir noktadan söz ediyordu: Derse gelen öğrencilerde kadın veya erkek ayrımı yapılmaksızın sistemin bilinçaltına kazıdığı rijit düşünsel engeller. Bu engellerin bazıları, Amerikan üniversitelerinin çoğunda egemen kültür olan Hıristiyan doktrinlerinden kaynaklanmaktaydı. Bu dergilerde deneyimlerini aktaran akademikler, öğrencileri ortak bir platforma çekebilmek için 8-9 haftalık bir okuma-tartışma dönemi ayırmaktaydılar. Yine de bu kadar okuma süresinin dahi kadın tarihi konusunda ikna edici olmaya yetmediğini belirtiyorlardı.

Biz ise derse, ilk haftada araştırma konusu vererek başladık. Cumhuriyet Dönemi kadın mimarlar bibliyografyası oluşturacaklarını öğrenen öğrenciler, ilk günkü mimarlar odası arşivi buluşmalarında "nasılsa aynı gün içinde işlerinin biteceğini, çünkü bibliyografyaya girecek kadın mimarların parmakla sayılacak kadar az olduğunu" düşündüklerini sonradan bana aktardılar. İşin başına geçip malzemenin dökümünü yaptıklarında haftalarca o arşivde çalışmaları gerektiğini anlamışlardı. Arşiv çalışması sistematiğe oturana kadar kadın, kadın tarihi, kadın mimarlar konularında hiç okuma verilmedi ve tartışma açılmadı. Okumalara başlandığında ise hiç bir öğrenci "kadın tarihi diye bir şeye gereksinim olmadığı" yorumunu yapmadı. Çıkan malzemeye kendileri de şaşırmışlardı.

TARİH YAZIMINDA KADIN
Mimarlık Tarihi yazımı son yirmi yılda geçirdiği önemli dönüşümler ile bugün artık kaynak, konu ve yöntemlerini yenilemektedir. Feminist eleştirinin mimarlık tarihi ve genelde tarih yazımına etkileri bu anlamda büyüktür. Tüm uygarlık tarihinde bugüne kadar kadınların çok özel durumlar dışında hiç yer almadığı düşünülecek olursa bu tek taraflı yazımın kısırlıkları daha da vurgulanmış olur. Kadınların ikinci cins olduğu bir dünyada bu gerçeğe şaşırmamak gerekir. Dünyada kadının yeri ile ilgili tartışmaların başlangıcı aslında sadece modern dünyaya özgü değildir. *Third Space* adlı yapıtında Edward W Soja, Christine de Pizan adlı bir Fransız tarafından 1364 yılında Venedik'te

yazılan *Kadınlar Kentinin Kitabı*, adlı yapıtta kent ve kadınlar konusunun ele alındığını aktarır. Bu kitap bir ortaçağ kentinin cinsiyete dayalı baskıcı ve ayrımcı niteliklerini ortaya koyan ve kadınlar için bir kentin nasıl olması gerektiğini anlatan bir alegoridir (Aktaran: E. Soja,1996).

Böyle bir perspektiften bakıldığında kadın ve mekan konusundaki tartışmaların kurumsallaşmak için ancak modern zamanları beklemesi, bir anlamda gecikmiş bir olgu olarak görülebilir. Öte yandan Batıdaki bu tartışmaların kökenleri ve kendi tarihselliği açısından değerlendirildiğinde, böylesi bir arka yapıdan yoksun olan Türkiye ve diğer çevresel modernleşen ülkelerdeki hareketlerle kıyaslanamayacak bir toplumsal bilincin ürünü olduğu görülür. Kadın ve mekan anahtar sözcükleri bize iki önemli çalışma ve düşünce alanının kapılarını açar. Birincisi, *gender space* (cinsiyet ayrımı/eşitliğine dayalı kent ve mekan eleştirileri) ; ikincisi ise yapılaşmış çevrenin oluşumunda kadınların aktif belirleyici olarak nasıl katıldıklarını inceleyen alternatif tarih yazımı modelleri.

Türkçe de cinsiyet sözcüğü evrim geçirmemiştir. Oysa ki İngilizce'de 70'lere kadar cinsiyet karşılığında sadece *sex* sözcüğü kullanılırken feminist hareket bu yıllarda *gender* sözcüğünü tercih etmeye başlamıştır. Çünkü *sex* sözcüğü yaygın kullanımıyla aslında kadın ve erkek arasındaki biyolojik ayrım temeline dayanırken *gender* kavramı onları sosyal bir varlık olarak ele alarak aralarındaki ilişkilerin toplumsal olarak nasıl kodlandığı sorunsalı ile ilgilenir (E. Soja, 1996). İki sözcük arasındaki diğer bir anlayış farkı da 80'lerde birer toplumsal grup olarak ortaya çıkan eşcinsellerin 90'ların sosyal bilimleri içerisinde *gender* çalışmaları başlığı altında toplanmasından kaynaklanır. Üremeye dayalı aile kavramı toplum normlarının bu sebeple ataerkil, heteroseksüel ilişkiler ile tanımlandığı bir kavram olarak kadın ve erkeği biyolojik olarak *sex* sözcüğü ile ayırt ederken, *gender* sözcüğü eşitlikçi, farklı cinsel tercihlere hoşgörü ile bakan ve aile kavramını üremeden çok paylaşıma dayandıran bir anlayışı temsil eder. Sosyal bilimlerdeki g*ender theory*, yani *sex*'den *gender*'a geçiş yalnızca epistemolojik norm ve geleneklere kafa tutmakla kalmamış ontolojik olarak da kimlik ve nesnellik kavramlarını sarsmıştır (R. Cacoullos Ann, 2001).

Tarih yazımı, hala geçerliliği süren ataerkil toplum içerisinde kadın ve erkekler arasındaki ilişkileri tek taraflı olarak ele almış ancak etkileşimleri göz ardı etmiştir. Kadın ve erkeklerin geleneksel rolleri içerisinde yer bulabilecek olaylar ve olgular tarihe geçerken bu rollerin dışında kalanlar tarihin de dışında kalmıştır. *Gender history*'nin ağırlıklı olarak ilgisi, erkek aktörlerin dışındaki aktörlerdir. Bunlardan biri olarak kadınların dünya tarihinin gelişiminde pasif birer izleyici değil de aktif bir belirleyici olarak katkılarını araştırır. Elbette ki her dönem/yer ve durum için bu *a priori* olarak kabul edilirse tarih de kendi nesnelliğini yadsımış olur. Oysa ki kadınların birer izleyici olarak kaldığı durumlar da mevcuttur.

Ancak bugüne kadar yazılageldiği gibi tarih yalnızca erkek kahramanlar etrafında şekillenmemiştir ve cinsiyet tarihinin de savı budur. Eski Mezopotamya'daki kayıt tutma bilgisinin icat edilmesinden beri üstün sınıf yani erkekler, kah rahipler, saray yazıcıları, vakanüvisler ya da kah akademik tarihçiler olarak, sadece erkeklerin yaptıklarını ve yaşadıklarını "kayda değer" bularak kadınların yaşadıklarını marjinalleştirmişlerdir (F. Berktay, 1999).

Tarih yazımının özel sorunlarından biri olan ötekilik kadınların da içerisinde yer aldığı geniş bir kategoridir. Tarihin ötekilik ile nasıl baş etmesi gerektiği üzerine görüşlerini aktarırken Tekeli, bir kaç madde ile şöyle özetler:
1 Tarihe bir bilim olarak yaklaşmak, bilim ahlakının kuşkuculuk ilkesini ciddiye almaktır.
2 Kendi toplumumuzda ya da başka toplumlarda üstünlük iddiaları etrafında oluşturulmuş bizlerin ve ötekilerin üstünlük iddialarını sorgulamak, dayanaklarını "demistifiye" etmektir.

---

1 Deniz Kandiyoti'nin Türk kadını incelemelerinde cinselliğin salt kadınlık veya erkeklik üzerinde kurulmasından kaçınılır. Kandiyoti, "çağdaş kültürel manzarayı bütün karmaşıklığıyla ele alan modernin 'etnografyaları'na sıra geldiğini" vurgular. Yalnız değişen kadınları değil, değişen koca ve babaları, anne-oğul, baba-kız ilişkilerini, tarihin derinliklerinde kalmış ve hatta terimleri sözlüklerden silinmiş farklı cinsel tercihleri aynı resimde toplamanın peşine düşer. Kandiyoti'nin bu anlamda çabaları öncüdür ve takdirle karşılanmalıdır. Bu ister istemez sosyologların eşitlikçi tarih yazımına tarihçilerden daha yakın olduğunu akla getirmektedir.
2 1930'larda yayılmaya başlayan Annales Okulu (Lucien Febvre, March Bloch) ile tarihin kapsadığı alan biraz değişmiştir. Ekonomik ve sosyal yönlerin ağır bastığı, maddi koşullara, sosyal yapıya ve sınıf mücadelelerine ağırlık verilmesi tarihsel

demografi gibi bir dalın ortaya çıkmasına yardımcı olmuştur. Ancak yine de kadınlara ait çok önemli veriler gün ışığına çıkmamıştır. 1970'ler ise sosyal tarihin parladığı dönemler olarak kadınlar ile ilgili önemli çalışmalara tanıklık etmiştir. Sosyolojinin ve sosyal antropolojinin tarih yöntembilimine bu yıllarda katkıları büyüktür. 1970-82 yılları arasında Annales dergisinde yer alan makalelerin yalnızca % 18.75 i kadınlar tarafından yazılmıştır ve sadece %4.5'u kadınlar hakkındadır (Fatmagül Berktay 1999, s.50). 90'lı yılların önemli dergilerinden biri olan Radical History dergisi ise bu anlamda devrimci bir yapıya sahiptir. Sadece kadın araştırmalarını yayınlamakla kalmamakta, aynı zamanda kadın tarihi dersleri için de çalışmalara yer vermektedir. Bu araştırmaya esin kaynağı olan ve yazarın İYTE Mimarlık Fakültesinde verdiği Woman in Architecture dersi de bu derginin Radikal Tarih Eğitimi (Radical History Teaching) dosyalarından büyük ölçüde yararlanmıştır.

3 Tarihçinin empati yoluyla kendisini "öteki" yerine koyarak anlama yolunu benimsemesidir.
4 Aralarında çatışmalı bir "biz" ve "öteki" konumu yaratılmış toplulukların ilişkilerinin tarihini eleştirel bir gözle yazmaktır.
5 Çatışan grupları üst kimlikle bir araya getirmektir. Öteki yaratılırken üstü örtülenleri gün ışığına çıkartmaktır (İ. Tekeli,1998, s.4-6).

Cinslerin özgül tarihinin yazılması bu anlamda Tekeli'nin "barışçı" olarak tanımladığı yoldan çok uzaktadır. Bu açıdan bakıldığında kadın tarihi de bir anlamda kendi ötekisini yaratmaya mahkumdur[1]. Kadınlar ve erkeklerin tarihi bir arada yazılabilir mi? Bu sorunun en iyi niyetli yanıtı evettir. Kadın mimarlar üzerine yapılan bir çalışmanın da yukarıda açıklanan hatalara düşmesi olasıdır, hatta kaçınılmazdır. Bunun yanısıra, tarih, özellikle pozitivist tarih, kadınları yok saydığı, ya da onları sadece politik arenadaki skandalları ile yer alan kişilikler olarak kaleme aldığı için şimdilik sadece ezilenler kendi geçmişlerini gün ışığına çıkartmakla meşguldür[2]. Burada tarihçiler iki terim kullanmayı tercih etmektedirler; düzeltmeci ve telafi edici (*compensatory*) tarihçilik. Bazı uzmanlar kadın tarihçiliğinin 1980'li yıllardan itibaren düzeltmeci tarihçilikten telafi edici tarihçiliğe doğru yaklaştığını iddia etmektelerse de, gelecek jenerasyon tarihçilerin eşitlikçi bir tarih yazabilmek için daha fazla malzemeye ve şansa sahip olacağı kesindir.

BATI MODERNLEŞMESİNDE KADINLAR VE KADIN MİMARLAR

Mimarlık disiplini içerisinde cinsiyet kuramları kentin ve mimarlığın cinslerin gereksinimlerine eşit oranda yanıt verip vermediği sorularını gündeme getirmiştir. Mimarlık kuramı cinsiyet eleştirilerini modernizm ve modern toplum üzerinde yoğunlaştırmıştır. Kamusal yaşam ve kamusal mekan paradigmaları bu eleştirilerde birincildir. Bu nedenle yalnız kadınların değil eşcinsellerin de kamusal yaşama eşit iş, ücret, eğitim olanakları ile katılabilmesi gerektiği tezi kentin buna nasıl katkıda bulunabileceği sorunlarına yanıtları beraberinde getirmiştir.

3 "A Feminist Critique of the Man-Made Environment" adlı makalesinde Leslie Kanes Weisman'ın seçtiği başlık bile bu ironi üzerine kuruludur.

4 Bugüne kadar genellikle mimarlık tarihi içerisinde unutulması tercih edilen ve yeniden irdelenmesi gereken bir nokta da kadın işverenlerdir. Monarşilerde ataerkil toplumlar genellikle erkek lider üzerinde şekillenmiştir. Bunun yanısıra, monarşilerde ikincil roller üstlenen kadınların yapılaşmış çevrenin şekillenmesinde oynadıkları başat roller unutulmuştur. Koç Üniversitesi Tarih Bölümünün 26-28 Eylül 97 tarihlerinde düzenlediği "Women in the Ottoman World/ Osmanlı Dünyasında Kadınlar" başlıklı uluslararası konferansta Osmanlı dünyasında Avrupalı kadınlar, Osmanlı edebiyatında kadının yeri konularına ek olarak Osmanlı kadınlarının yaptırdıkları hayratlar, Osmanlı hanedanına mensup kadınların imparatorluğun çeşitli yerlerindeki mimari yatırımları konuları ele alınmıştır. Bir çok özgün çalışma bu konferansla akademik dünyaya sunulmuştur.

Büyük ölçüde LeFebvre'den etkilenen bu söylem kuşkusuz postmodernist eleştirinin de önemli bir parçasıdır. Bunun yanısıra göstergebilim çözümlemeleri de mekanın kadın-erkek kodlarına yaptığı göndermeler ile ilgilenerek bu açılardan katkıda bulunmuştur. Bu çözümlemeler özellikle modernizmin erkek kodlamaları yoğun bir biçim yarattığı eleştirilerini ortaya koyarak, sanayi öncesi toplumların mimarlığının dişi kodlamalara daha çok yer verdiği görüşünü getirir[3]. Burada paradoksal olan da gerçekte kadın hareketlerinin ancak modern toplumda ortaya çıkışı ve endüstrileşmenin kadınların üretime katılmasını hızlandıran bir faktör olarak kadın mimarların da modern toplum içerisinde bina üretimine katkıda bulunmasıdır.

Mimarlık çok uzun yıllar yalnızca erkeklerin yaptığı bir meslek olmuşsa da bu dönemler boyunca kadınların çevreyi şekillendirmede hiç rol almadıklarını düşünmek yanlış olur[4]. Örneğin *Canadian Journal of History* dergisinde yayınlanan bir makalede Anne Cledinning, İngiliz Ticari Gaz Kurumunun (The British Commericial Gas Association) gaz tüketimini teşvik etmek ve yaygınlaştırmak için reklam kampanyalarında Mrs. Maud Adeline Brereton ile anlaşma yaptığını, bu kadın yazarın aylık magazin dergileri yazılarında modern ev kavramını nasıl işlediğini ve nasıl kamuoyu kazandığını aktarır. Bu makale evle ilgili hijyenik ekipmanların gelişiminde kadınların oynadığı aktif rolü vurgulamaktadır (A. Cleddining,1998). Amerika'daki Ulusal Gaz Kurumu da 1933'te, yine bir kadın tasarımcı ile işbirliği yaparak mutfak tasarımlarında ne gibi değişiklikler olacağına dair bir araştırma yaptırarak yayınlatmıştır (G. Wright, 1987, s.299). Bunun yanısıra, ilk kadın dergileri çoğunlukla eğitimli kadın yazarların ev hanımlarına çağdaş, biyolojik enerji kullanımından çok elektrik enerjisi kullanımına ağırlık veren yapı elemanlarını, özellikle sıhhi tesisat malzemelerini tanıtarak ve estetiğin dışında önemsenmesi gereken ergonomi, hijyen gibi yeni tasarım kavramlarını vurgulayarak yaşam çevrelerinin değişimine katkıda bulunmuştur.

Yine benzer şekilde kadınların katkılarını ortaya koyan bir başka tarihsel çalışmadan örnek verilecek olursa, Rowe'un bir çalışmasında 1868 yılında kurulan ve kadınlara sanat eğitimi veren Académie Julian'ın rolünü anlatır. Bu akademinin temel amacı Ecole des Beaux Arts'a giriş için bir hazırlık okulu eğitimi vermektir. Ancak Beaux Arts 1897'ye kadar yalnızca erkek öğrenci kabul ettiği halde Julian Akademisi kadın öğrencileri kabul etmiştir. Burada yetişen sanatçılar ve dönemin erkek eleştirmenleri arasındaki ilişkiler ve sonunda kadınların da Beaux Arts'a girişi ile sonuçlanan mücadeleleri de bu çalışmada işlenmektedir (D. Rowe, 2000).

Kadınların mimarlık okullarına kabulü Amerika ve Avrupa da çok zor olmuştur. Çünkü kolejler 1930'lara kadar ya hiç kadın öğrenci kabul etmemiş ya da sayıları konusunda sınırlamalar getirmişlerdir. Doris Cole'un belgelemeleri ışığında sadece kadınları kabul eden bir mimarlık okulu karşımıza çıkar: Cambridge School of Architecture and Landscape (Aktaran: G. Wright, 1987, s.291) 1915'te açılan ve 27 yıl eğitim veren bu kurum yüzden fazla kadın mimar yetiştirmiştir.

Pek çok araştırmada kadın mimarlar için konut konusunun başka konulara oranla daha yoğun dişi kodlar üreterek tasarladıkları bir konu olduğu ileri sürülür. Bunu Amerikan Kadın Mimarlar tarihini inceleyen Gwendolyn Wright bir ayrımcılık olarak niteler. Wright çalışmasında iki kadın mimarı öne çıkarır: Catherine Beecher ve Julia Morgan. Bu iki mimar Amerikan banliyö tarzı yaşam çevrelerinin oluşumunda önemli katkılarda bulunmuştur. İlk kadın mimarların da 1890'lı yılların sonunda mühendislik diplomalı mimarlar olduğunu yine bu çalışmadan öğreniriz.

Bu inceleme mimarlığın Amerika'da ilk kurumsal kimlik kazandığı 30'larda mimarlık magazinlerinde konunun nasıl ele alındığını aktarır. Gerçekten de Wright'ın alıntılarına göz atılacak olunursa dönemin erkek egemen mimarlık camiasının kadın mimarlara karşı aşağılayıcı bir üslupla konut dışı tasarımlara karışmamaları gerektiğinin telkin edildiği görülür.

Böyle güdümlenmiş bir politika ile ne ancak çok az sayıda kadının mimar olabildiğine ne de kadınların çoğunun mimarlığa ilgi duyan ancak sadece özel konut konusunda uzmanlaşabilen kişiler olarak kaldığına şaşırmamak gerekir (G. Wright, 1986, s: 283).

Türkiye'de 1930'ların Mimar dergileri incelendiğinde kadın mimarların yayınlanmış projelerinin tam tersine çoğunlukla kamu binalarından oluştuğu ve de konutun ayrıcalıklı bir yer tutmadığı görülür (%10'un altındadır). Kadınların özellikle konut çevrelerine yaptıkları büyük katkılara rağmen isimlerinin tarihten çıkarılmış olması bugün yeniden tarih yazımını zorunlu kılmaktadır.

Aslında Cumhuriyet Dönemi Türk Mimarlığı için bu konuyu gözden geçirirken bazı çelişkileri vurgulamak gerekir. Örneğin Amerika'daki kadın mimarlar dönemin mimari basınında gündeme gelme olanağı bulamamışlardır. Dolayısıyla o dönem üzerine araştırma yapan mimarlık tarihçileri için pek çok isim anonimdir, belge düzeyinde çalışma yapmanın güçlükleri olduğu kadar örnekleme veya özne seçimi de rastlantısaldır. Tarihçiler uzun uğraşlar sonucu özel arşivlerde ve okul arşivlerinde çalışarak belge toplamaya çalışmışlardır. Buna karşın *Arkitekt* dergisi kadın veya erkek mimarlar arasında gerçekten bir ayrımcılık yapmadığından, Türkiye Cumhuriyeti döneminin kadın mimarları bugünün tarihçileri için çalışılması görece kolay niteliktedir. Her nedense Cumhuriyet Dönemi Türk Mimarlık tarihi çalışmalarında belge düzeyinde zorluk olmadığı halde kadın mimarlar vurgulanmamış, mimarlık tarihi dersleri müfredatlarına da yansımamıştır. Cumhuriyet Dönemi Türk Mimarlık Tarihi genellikle cinsiyet ayrımcı bir ideoloji ile yazılmıştır. Ne yazık ki, bu dönemin aktif olarak çalışan ve ürünler veren kadın mimarları, tarihçiler tarafından göz ardı edilmiştir. Bu çalışma da cumhuriyet dönemi kadın mimarlarını kaleme alarak belki de "barışçı ve eşitlikçi" yeni bir tarih yazımına bizzat bir örnek teşkil edememektedir. Ancak yeni bir cumhuriyet mimarlık tarihi yazılması için unutulmuş malzemeleri yeniden gündeme getirmektedir.

TÜRKİYE'DE KADIN HAREKETLERİ, ULUSÇULUK VE KEMALİZM

Modernitenin merkez Avrupa dışındaki modellerinde milliyetçi tema, devrimin tüm araçlarında da görülür. Doğaldır ki Türk modernleşmesinin içerisinde mimarlık ve kadın hareketleri de yine aynı kaynaktan beslenmiştir. Jitka Maleçkova kadınlar, modernlik ve ulusçuluk kavramlarını kültürler arası olarak incelediği çalışmasında, ortak bir özellik olarak Yunanistan, İtalya, Çek Cumhuriyeti, Rusya ve Osmanlı İmparatorluğunda milli cemaatin birleşmesinde, uyanmasında ya da kurtulmasında kadınlara belirleyici bir yer sunan erkek önderli hareketleri sunar. Maleçkova'nın detaylı çalışması ortak noktaların belirlenmesine dayanmaktadır, ancak genellemelerinin hepsine katılmak mümkün değildir. Burada sadece erkeklerin kadının toplumsal yerinin yüceltilmesine ilişkin görüşleri yer almış, bu idealleri şu veya bu yolla benimsemiş kadınların rolü ve görüşleri hiç yer almamıştır. Burada başlamadan son bulan bir hareketin panoraması sunulur (J. Maleçkova, 1998).

Maleçkova'nın da paylaştığı bu önyargılı okuma biçimi, kadın araştırmalarına egemen olan genel bir eğilimin göstergesidir. Gerçekte de, modern hareket içerisinde kadın hareketlerine erkek aydınların katkıları da, hataları da yadsınamaz. Ancak, ilk kadın hareketlerinin liderleri olan kadınların, kabaca güdümlenmiş olmaları görüşü haksız bir yargı içerir. Bu kadınlar içerisinde kendi aklı, iradesi ve entelektüel birikimi ile bilinç kazanmış olanlar da sayıca az değildir. Üstelik bu hareketlerin sürdürümcüleri olarak eylemleri hayata geçirmek için zoru seçerek, marjinal kalmayı göze alarak, hatta yaşamlarının çoğunu mücadele ile geçirerek çalışanlar da onlar olmuşlardır. Sonuçları da Maleçkova'nın iddia ettiği gibi sadece hayal kırıklığından ibaret değildir, herşeye rağmen uzun bir yol kat edilmiştir.

Türkiye Cumhuriyeti içerisindeki kadın hareketleri tarihi deyince kuşkusuz yine bu eleştiriler ile karşılaşılır. Kemalist modernleşme projesi resmi tarih içerisinde sunulduğu

Utarit İzgi arşivinden.

biçimiyle kadını özgürleştiren ve kamusal yaşama girmelerini sağlayan kurtarıcı devrimdir. Gerçekten de cumhuriyetin özellikle kentli kadın için önemli başlangıçlara araç olduğu kuşku götürmez bir gerçektir. Ancak bu devrimin gerçekten kadınların kendi yararları gözetilerek mi yoksa sadece başka araçlar uğruna mı yapıldığı sorusu pek çok kez sorulmuştur (Y. Arat, 1998b, s.87 ve L. Kırkpınar, 1998, s.16).

Yeşim Arat, kadınların meslek hayatına geçmesini teşvik eden politikaların kentli ve köylü için iki ayrı kategoride olduğunu da eleştirerek kadınların bu yeni rollerini milliyetçi bir misyonla kabul ederek kendilerini ülke yararı için değiştirdiklerini ileri sürer. Arat'ın bu eleştirileri tekil değildir; Deniz Kandiyoti de büyük ölçüde aynı görüşleri paylaşır. Kadınların meslek yaşamına geçmeleri için en önemli koşul olan eğitim Cumhuriyet Dönemi politikalarında önemli bir yere sahiptir. Kamuoyuna yön veren üst düzey yöneticiler bile kadınlara verilecek eğiti-

Akademi anılarını yayınlayan Utarit İzgi arşivinden.

min ileride vatana naif bir ana yetiştirecek tarzda olmasını yeterli görürken Atatürk erkeklerin aldığı eğitime eşit eğitim hakkının kadınlara verilmesini ve bu yönde desteklenmeleri gerektiğini telkin etmiştir.

Cumhuriyet Dönemi münevver kadınları içerisinde kendi haklarını kendileri savunmak isteyenler rejim tarafından fazla destek görmemişlerdir. Bunun yanısıra, 16 Haziran 1923'te Kadınlar Halk Fırkası adı altındaki hareketin 1924'te artık amacına ulaştığı öne sürülerek kapatılması erkeklerin önderliği ve sözcülüğünden bağımsız bir kadın hareketinin oluşmasına olanak tanımamıştır. Ancak gerçek şudur ki, pek çok kadın Cumhuriyet idealleri için kendilerini feda ederek çalışmışlardır. Atatürk'ün kafasındaki kadın modeli belki de özgür ve kişilikli bir model olmasına rağmen devrimlerin uygulanışı Cumhuriyet kadınının daha çok iyi eş ve anne olarak ataerkil düzene katkıda bulunmalarını olanaklı kılmıştır.

Üstte: Sabiha Güreyman Ecebilen, YTÜ Mezunlar Arşivinden.

Karşı sayfa: Melek Erbuğ, YTÜ Mezunlar Arşivinden.

TÜRKİYEDE KADINLARIN EĞİTİMİ VE KADIN MİMARLARIN EĞİTİMİ

Cumhuriyet öncesi döneme bakıldığında ikinci meşrutiyet döneminde kadınların eğitimine önem veren bir kültürel politika ile karşılaşılır. Bu, devletin resmi organları aracılığı ile yürütülen bir hareket olmaktan çok, aydınların elinde şekillenen bir sivil harekettir. İstanbullu kadınların bu konuda daha öncü bir konumu vardır; çünkü yurtdışına eğitim için gönderilmeleri şanslı bir azınlık olarak onlara kısmet olmuştur. Genellikle varsıl ailelerin bu dönemde tercih ettikleri ülke genel olarak Fransa olup, kadınların da eğitim gördükleri dallar siyasal bilimler, psikoloji, sosyoloji gibi bazı sosyal bilimler ve edebiyat dallarıdır. Mühendislik, temel bilimler, tıp ve hatta hukuk dallarının çok rağbet görmediği izlenir. Yurtdışında eğitim yaparak İstanbul'a dönen bu seçkin azınlık dönemin kadın dergilerindeki yazıları ile ve kadın hareketinin öncüleri

MİMARLIK VE KADIN KİMLİĞİ **39**

[5] 1914'ten önce öğretmen yetiştirmek üzere açılmış Dar-ül muallimat adlı okul kızların alabileceği en yüksek eğitimdi. Çocuklarını yurt dışına göndermek istemeyen anne ve babalar içinse bir diğer seçenek evlerde tutulan özel öğretmenlerdi. Doğal olarak bu bir mezuniyet diplomasından, bir başka değişle bir mesleği icra etmek için gerekli yasal donanımdan yoksun olmak anlamına geliyordu.

olarak düzenledikleri toplantılar ile tanınırlar. 1908'de Üsküdar Kız Lisesi veya sonraki adıyla Amerikan Kız Lisesi, 1916'da Kandilli Kız Lisesi gibi dönemin seçkin ve öncü kadınlarını yetiştiren kız okulları açılmıştır. Ancak kızlar için ilk yüksek öğrenim olanağı 1914'te İnas Sanayi-i Nefise Mektebi'nin kurulması ile tanınmıştır. Kız öğrenciler için sadece resim ve heykel bölümlerini kapsayan bu okul, önceleri erkek öğrencilerden ayrı bir binada eğitime başlamıştır[5]. 1926'da Sanayi-i Nefise'nin Fındıklı'daki eski Meclis-i Mebusan binasına taşınması ile kız ve erkek öğrenciler birlikte aynı binada eğitim almaya başlamışlardır (bkz. resim s. 36-37). İnas mektebi entelektüel ve sanatçı kadınların yetişmesinde önemli roller üstlenmiştir. Kuşkusuz, sadece resim ve heykel eğitimi vererek başlamış olsa da kadın mimarların yetişmesi için Türkiye'deki eğitim kurumları içerisinde öncülük yapmıştır

Diploma No : 1002
Mezuniyet Yılı :1942
Şubesi : Mimar
Diploma Derecesi : İYİ

Yıldız TOLUN

Fakülte No : 404
Diploma No : 1216
Mezuniyet Yılı : 1945
Şubesi : Mimar
Diploma Derecesi : İYİ

Kadınların meslek edinmeleri de yine cumhuriyetin karşıtlıklarla dolu yapısına koşut bir gelişme içinde olmuştur. Eğitimin yapısı bu konuda önemli bir etkendir[6]. Özellikle, ilk ve orta eğitim ataerkil düzeni destekleyen ve cinsler arası ayrıma dayanan nitelikleri ile özgür ve yaratıcı düşünen bir kadın yerine standart iyi ev hanımları yetiştirmiştir (Y. Arat, 1998a).

Üniversite öncesi eğitimin dar kalıplı ve standartlaştırıcı etkisi kadınların profesyonellik, muhakeme, eleştiri ve yaratıcılık gerektiren entelektüel uğraşlara girmesinin önünde bir engel teşkil etmiştir. İlk kadın savaş pilotu Atatürk'ün manevi kızı Sabiha Gökçen'in bir gösteri uçuşunun dışında uçmamış olması Kemalist rejimin Batılılık imgesi için yarattığı göstermelik modern kadına iyi bir örnektir. Öncü meslek sahibi kadınlar bir miktar bu göstermelik modern imgenin gölgesinde kalmışlardır. Kadınların Cumhuriyetin ilk yılları boyunca daha çok ebelik, öğretmenlik, hemşirelik gibi mesleklere yöneldiği görülmektedir. Özellikle kız enstitüleri mezunları reel olarak kadınları gerçek üretime veya entelektüel uğraşlara yönelmekten çok uzak eğitim programları ile kadınların meslek yaşamlarında sınırlı kalmalarının en önemli sebebidir[7]. Mühendislik, mimarlık, temel bilimler gibi, matematik ve fen bilgisi alanlarında ortalamanın üzerinde bir birikim gerektiren dallarda o zamanlarda her üniversitenin giriş sınavı bağımsız olarak yapıldığı için kadınlar baştan dezavantajlı olmuşlardır. Orta eğitimden gelen bu cinsiyet ayrımcı politikaya rağmen üniversitelerde başarılı olan kadın sayısı küçümsenemez.

[6] Cumhuriyetin başından beri karma okulların sayısı kız ve erkek olarak ayrılan okullardan daha azdı. Karma okullarda da kız

Bu çalışma Cumhuriyet Dönemi ilk kadın mimarlarını incelerken yelpazesini 1950'lere kadar olan dilim ile sınırlı tutmuştur. Türkiye'de kadın hareketlerini inceleyen sosyologların, nitelikleri birbirinden ayrılan kadın hareketlerini tarihlemede birinci ve ikinci kuşak tanımlarına sadık kal-

MİMARLIK VE KADIN KİMLİĞİ **41**

dıkları görülür. Birinci kuşak, 2. Meşrutiyet ve 1938 arasında değerlendirilmektedir. Jön Türk hareketi daha sonra Türkiye Cumhuriyeti dönemindeki modernleşmeyi inşa eden seçkinler olarak cumhuriyet ideolojisinin arka planını oluşturmakta, Atatürk'ün ölümü ise modern ideolojinin halka indirgenmesinde tartışılamayacak etkisi olan varlığının ortadan kalkması anlamına gelmektedir. Birinci dönem açıkça 1938'lere kadar olan dönem iken ikinci dalga 1980'lerden günümüze kadar olan dönemi ifade eder. Öte yandan ilk kadın mimarlar kuşağını ancak 1930-60 arasındaki otuz yıllık dönemde incelemek olasıdır. Zira Cumhuriyet öncesinde Avrupa'da eğitim gören kadınlar içerisinde mimarlık diploması sahibi olmadığı gibi, kadınların sanat eğitimine başlaması da İnas Sanayi-i Nefise Mektebi'nin kurulmasından sonra gerçekleşmiştir.

Fatma KARACIK
Fakülte No : 955
Diploma No : 1171
Mezuniyet Yılı :1944
Şubesi : Mimar
Diploma Derecesi : ORTA

ve erkek öğrencilerin beraber oturması yasaktı. Ayrı çıkış kapılarını kullanarak binayı kullanırlar ve teneffüs alanlarında bir araya gelmezlerdi. Müfredat programları da büyük ölçüde birbirinden farklıydı. Kız çocuklar uzun sure beden eğitimi dersleri almadılar, aldıktan sonra da erkeklerden ayrı olarak spor yaptılar (Zehra F. Arat, Kemalizm ve Türk Kadını, 75 Yılda Kadınlar ve Erkekler). 7 Aktaran: Y. Arat, 1998 s: 64, orijinal kaynak: M. Tan, Kadın: Ekonomik Yaşamı ve Eğitimi, Türkiye İş Bankası Yayınları, s: 206.

Bilindiği gibi Cumhuriyetin ilk yıllarında İstanbul Yüksek Mühendis Okulu mezunları arasından da mimarlık ile uğraşan kişiler olmuştur. İTÜ arşivlerinde yapılan bir çalışma sonucunda Maarif Vekaleti'ne bağlı Mühendis Mektebi'nin ilk kadın mezunlarının 1933'te olduğu görülmüştür. Sabiha Ecebilen (Güreyman) ve Melek Erbuğ her ikisi de 1326 doğumludur (bkz. resim s. 38-39). Uzmanlık alanları yol olan bu iki mühendis, Türkiye'de kadın olarak yapılaşmış çevre ile ilgili ilk mezunlardır. Mühendislik mezunlarının özellikle köprü, yol, baraj inşaatlarında çalıştığı bilinmektedir. İTÜ Teknik Okul Mimarlık mezunları arasından ilk kadın mezunlar ise 1957 yılında başlar. Meral Kocaharzem, Güner Terzioğlu, Sühendan Poda, Ayser Arıç Noyan, Fahriye Özçakıcılar Akı, ve Sevim Saatçi İTÜ Teknik Okul Mimarlık Bölümünden 1957-1960 yılları arasında mezun olmuşlardır. Öte yandan Güzel Sanatlar Akademisi'nin İnas bölümünden mezun olan kadınlar da uzun bir süre sanatın çeşitli dallarında çalışmalarını sürdürmüşlerse de Mimarlık Şubesi'nden mezun olup çalışma yaşamına katılan ilk kadın mimar olarak Leman Cevad (Tomsu) Hanım görülmektedir. İTÜ mimarlık bölümün-

MİMARLIK VE KADIN KİMLİĞİ 43

1928 Akademi Hatırası.

44 MİMARLIK VE KADIN KİMLİĞİ

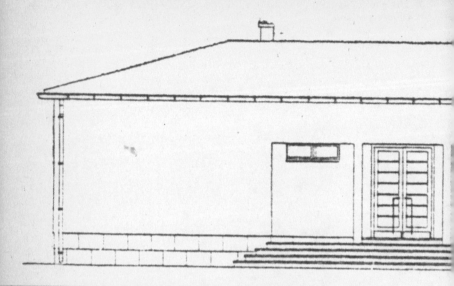

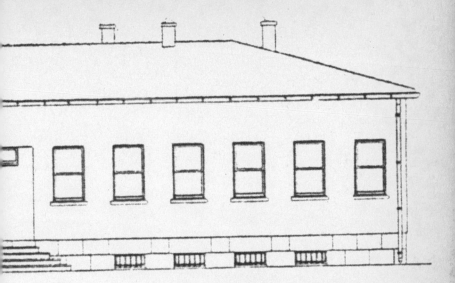

Üstte: Gerede ve Emirdağ Halk Partisi Evleri, Leman Tomsu, 1934

Yanda: Leman Tomsu'nun öğrencilik projesi, yatılı öğrenci yurdu, 1932.

den mezun olan ilk kadın mimar ise 1942 mezunu Celile Berk Butka'dır. Celile Hanım'ı 1944 yılı mezunu Fatma Karacık, 45 mezunları Güner Gören, Yıldız Tolun, 47 mezunu Melahat Filibe, Zehra Alpsoy, 1951 mezunları Emin Yağlı, Perran Doğancı, Ayfer Baştürkmen, Hande Çağlar, 1952 mezunları Gülseren Seçkin, Ayten Seçkin ve Sevim Akyüz izler. 1953-60 arasında da Kamuran Başar, Gülçin Başar, Latife Öz, İffet Özbaşarel, Nurhan Kalpkçıoğlu, Meliha Belül, Zuhal Bulguman, Bilge Elam, Eliza Lüleciyan, Ayten Rakunt, Suzan Erkman, Bedriye Erkman, Necla Büyüközkaya, Gülgün Bayraktar, Nevres Karameşe, Nida Lülü, Özgül Arıbay Sungur, Aysu Arat, Afife Emiroğlu Batur, Betigül Çadırcıoğlu, Birsen Şahin Doruk, Müjgan Güven Güçlütürk, Esen Bolak, Bilge Kıray, Sevinç Tüjüment, Gülgün Akdoğan, Şükran Başaran, Nurten Gürel, Yurdanur Cansu, Süreyya Tamir, Fatma Sümer Terbent, Tülay Yolaç, Solmaz Gazyakan, Sevin Kayı ve Betül Akman gibi isimler görülür (bkz. resim s. 40-41).

Arkitekt dergisi bilindiği gibi Cumhuriyet Dönemi Mimarlık Tarihi araştırmaları için en önemli kaynaktır. *Arkitekt* dergisinin 1934 yılından başlayarak pek çok kadın mima-

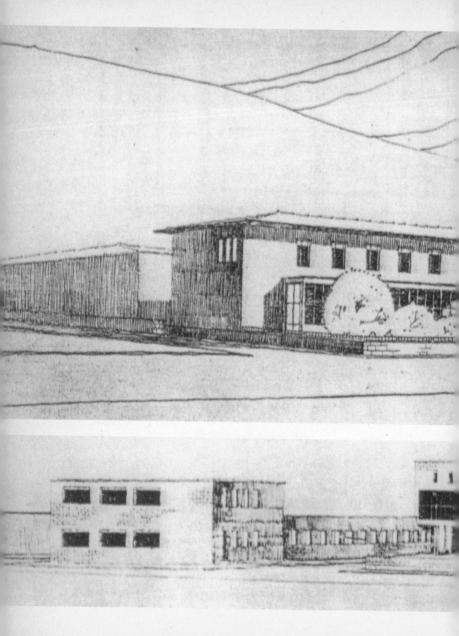

Üstte: Karamürsel Halkevi Projesi, Leman Tomsu, Münevver Belen, 1936.

Altta: Kayseri Halkevi Binası, Leman Tomsu, Münevver Belen, 1937.

rın çalışmalarına yer vermiş ve cinsiyete dayalı ayrımcı politikalar izlemeyerek Avrupa ve Amerika'daki süreli yayınların yapamadığını gerçekleştirmiştir. Cumhuriyet Dönemi'nin üniter ideolojisi içerisinde tasarımcı kimliği ve öznellik gibi kavramların tartışılması olanaksız olduğu için, tasarımcının cinsiyeti de önemsiz bir ayrıntı olarak görülmüştür. Kadın mimarlardan beklenen Türkiye Cumhuriyeti için önerilen mimari kimliği yansıtmalarıdır, cinsiyetlerini değil. Kadın hareketleri ve ulusçuluk ilkesi arasındaki bağlantılar aktarılırken değinildiği gibi, ulusçu bir mimarlık anlayışı içerisinde kadın mimarların da kendilerini rejime hizmet etmeye adamaları şaşırtıcı değildir.

Batılı hemcinsleri erkek egemen meslek birlikleri içerisinde kendilerini meşru kılmaya çalışırken, ilk Türk kadın mimarlar özellikle mimari proje yarışmalarında aldıkları dereceler ile yeterliliklerini kanıtlamışlardır. O tarihlerde bilindiği gibi, Avrupa merkezli modern mimarlığı uygulayabilmek getirtilen yabancı mimarların dışında, Türk mimarlar uzun süre kamudan iş alamamışlar, ancak özel konut projeleri yaparak geçimlerini sağlamaya çalışmışlardır.1933'teki bir yarışmada ilk kez Türk mimar Şevki Balmumcu'nun birinciliği Alman mimar Holzmeister ile paylaşmasından sonra, Türk mimarlar yarışma yoluyla büyük işler almaya başlamışlardır (Özçelebi 1999; Sayar 1998). Aynı yarışmalar, kadın mimarlar için de büyük bir şans olmuştur. Yarışmaların müşteri ile direkt diyalog kurmayı gerektirmeyen, çalışma saatleri tasarımcı tarafından keyfi olarak düzenlenebilen bir özelliği olması kadın mimarlara büyük kolaylıklar getirmiştir. İlk kuşak Türk kadın mimarların şansı da böyle bir yarışma ortamı içerisinde varlıklarını daha kolay kabul ettirebilmelerinden kaynaklanmaktadır (Ö. Erkarslan, 2001).

KADIN MİMARLARIN
ARKİTEKT DERGİSİNDE YAYINLANAN YAPITLARI
1934-40 Dönemi: Güzel Sanatlar Akademisi'nin 1928 yılında bir öğrenci grubunu gösteren bir fotoğrafta pek çok kız öğrenci görülür (bkz. resim s. 42-43). Bunların çoğunluğu

MİMARLIK VE KADIN KİMLİĞİ **49**

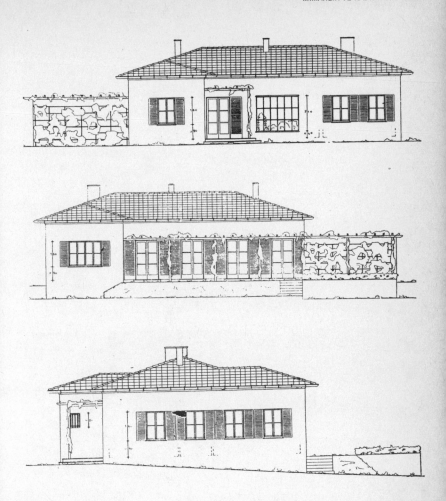

Etlik'de Tek Konut,
Leman Tomsu, 1937.

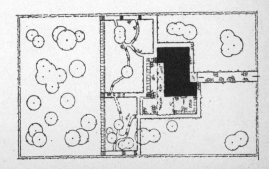

Üstte: Şehremini Halkevi Projesi, Leman Tomsu, 1938.

Altta: Kadıköy Halkevi Projesi, Leman Tomsu, 1938.

diğer sanat dallarında eğitim gören kız öğrencilerdir. 1930'lu yıllar elbette ki aktif olarak çalışmalar yapan ve yapıtlarıyla gündeme gelen Leman Tomsu'nun damgasını vurduğu yıllardır. 1932 yılında derginin yayınladığı Güzel Sanatlar Akademisi Öğrenci Sergisinde yer alan "Yatılı Öğrenci Yurdu Projesi" Leman Hanım'ın ilk yayınlanmış çalışmasıdır. Dört yüz kişi kapasiteli bu yurt projesinde Leman Hanım'ın daha sonraki çalışmalarında da izlerini kolaylıkla bulduğumuz basit prizmatik kompozyon eğilimleri dikkat çeker (bkz. resim s. 44). Mezuniyetinin hemen ardından "Gerede ve Emirdağ Cumhuriyet Halk Partisi Evleri Projesi"ni alır ve bu projeler de dergide yayınlanır. İş yaşamına atıldığında Leman Hanım'ın çok büyük zorluklar ile karşılaşmadığını mezun olur olmaz orta kapsamda bir iş alabilmiş olmasına bakılarak tahmin edilebilir. Proje müellifi olarak "Arkitekt Leman Cevad" açıklamasının yer aldığı bu proje sade yapım teknolojisi ile dikkat çeker. Leman Hanım'ın ilk dönem çalışmalarında katı bir rasyonellik göze çarpar. Sıradan bir prizmatik plan uygulaması olan CHP evleri projesi Cumhuriyet Dönemi köy ilkokullarını anımsatan gösterişsiz yönetim binalarıdır. Tek katlı yapı bütününde üçüncü boyutta bir renklilik, hareketlilik görülmez (bkz. resim s. 44-45).

1936 yılında yayınlanan "Karamürsel Halkevi Projesi"nde Münevver Belen ile ortak çalışmıştır. İki katlı bu kitlede geometrik kompozisyonun görece kompleksleştiği görülür. Proje bu kez öne eklenen şeffaf, alçak giriş cephesi ile daha fazla eklemlenme gösterir. Arkadaki geniş saçaklı ve masif ana kitle ile daha hafif giriş kitlesi arasında yakalanan bilinçli kontrast, Leman Hanım'ın ilk projesindeki naifliği üzerinden attığını gösterir. Kesitlere bakıldığında da yükseltilen toplantı salonu ile üçüncü boyutta daha zengin ve doğru çözümlere gidildiği görülür. (bkz. üstteki resim s. 46-47).Tomsu ve Belen birlikteliği "Kayseri Halkevi Binası" projesinde de sürer. Bu kez bir kasabada değil, kentte tasarım

yapıyor olmalarının etkileri açıkça görülür. Gerçekten de Kayseri Halkevi Binası fonksiyon ve kompozisyon açılarından olgun bir üründür ve kent bağlamında verdiği referanslar ile kamusal / yarı kamusal açık alanlara olanak tanır. Anıtsal cephe tasarımı dönemin eğilimleri içerisinde yerini bulur (bkz. alttaki resim s. 46-47). Leman Hanım'ın tek başına yaptığı tasarımlarda genellikle görselleşmemiş bir mimarlık duyumsanır. Dergide 1937 yılında yayınlanan "Etlik'deki Tek Konut Tasarımı"nda da yalın, durağan ve heyecansız bir rasyonellik kendini gösterir (bkz. resim s. 49).

MİMARLIK VE KADIN KİMLİĞİ 53

İstanbul Radyo Evi
Projesi, Celile Berk,
Haydar Yücelen, 1945.

1938 "Şehremini Halkevi Projesi"nde Leman Hanım, eğimli arazide farklı kodlardan yararlanmıştır. Bu yapıda dönemin önemli görsel ikonlarından olan biri olan eğrisel hacimlerin prizmatik bir kütle ile beraber kullanıldığı görülür. Zayıf bir geometrik kompozisyon projenin içerisinde barındırdığı potansiyelin önüne geçer. Kentsel parsel ve yapı arasındaki ilişki aslında ilkesel olarak oldukça sağlıklı bir biçimde çeşitlilikler içerirken, kütledeki orantısal hatalar dönemin Türk mimarları tarafından yavaş yavaş sindirilmeye çalışılan modern mimarlık dilinin ortak zaaflarının göstergeleridir (bkz. üstteki resim s. 50).

Karşı Sayfa: İstanbul Radyo Evi Projesi, Celile Berk, Haydar Yücelen, 1945.

1938 yılında sonuçlanan "Kadıköy Halkevi Proje Yarışması"nda üçüncülüğü alan Leman Tomsu'nun projesi, ikinciliği alan Mimar A. Sabri ve Emin Onat'ın projeleri ile büyük paralellikler gösterir (bkz. alttaki resim s. 50). Rüknettin Güney'in birinciliği alan projesinin tartışmasız ustalığı bir yana alınacak olunursa, katılımcıların önerilerinde dönem mimarlarının ortak eğilimleri kolaylıkla saptanabilir. Parçalanamayan prizma, düşey ve yatayda orantısal ve kompozisyonel olarak iyi organize edilmemiş delikler, henüz olgunlaşmamış bir modern dilin belirgin problemleri olarak karşımıza çıkmakta ve tasarımcılar inşai tutarlılık kaygıları ile kendilerine meşru bir zemin yaratmaya çalışmaktadırlar.

1940-50 Dönemi: *Arkitekt* dergisinde evlilik birlikteliğini iş yaşamına da taşıyan ilk çift olarak Şekure-Lütfi Niltuna karşımıza çıkmaktadır. Daha sonra Nezihe-Pertev Taner, Harika-Kemali Söylemezoğlu ve Leyla-Firuzan Baydar çiftleri ile karşılaşılmaktadır.

Taner'lerin "Rize Şehri İmar Şehri İmar Planı" çalışmalarında kent içerisinde yeni devlet teşkilatlanmasında memurlara konut edinebilme olanağı tanıyan bir program önerilmektedir. Burada üç konut tipi topoğrafya, iklim ve yönlenme göz önüne alınarak seçenek olarak geliştirilmiştir. Yığma sistemde yapımı düşünülen konutların kente yeni gelen yabancı memurlar için önerdiği yaşam biçimi oldukça dikkat çekicidir. Modern yaşamın pratikliğini vurgulayan proje açıklamalarından tasarımcıların yerel yaşamın karşısına alternatif bir yaşam biçimi ve modernitenin simgesi olarak memurları konumladığı anlaşılmaktadır. Son derece "iktisadi" olması açısından yerel yapım tekniklerinin seçildiği belirtilmesine kaşın en küçük birimin bile dört odalı olması da dikkat çekicidir. Taner'lerin bir diğer projesi de 1949'da yayınlanan Mardin İmar Planı çalışmalarıdır.

Leyla Turgut, yarışmaların bir diğer önde gelen ismi olarak kaşımıza çıkar. Asım Mutlu ile beraber katıldıkları Çanakkale Zafer Anıtı Yarışmasında aldıkları mansiyon ödü-

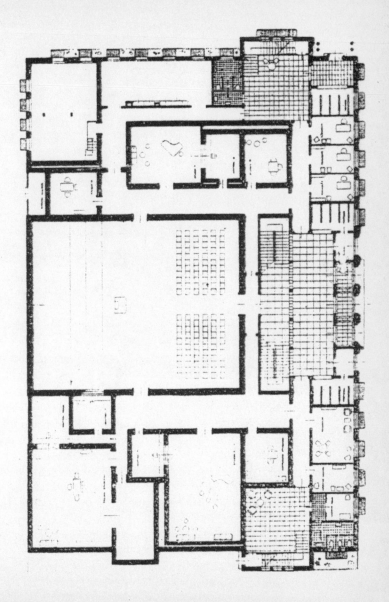

Zemin Kat Planı

Şişli Maliye Şubesi Projesi, Münevver Belen, 1946.

lü Leyla Turgut'un kariyerinde önemli bir yer tutmaktadır. Bir yandan yarışmalar aracılığı ile ulusal mimarlığın karakteri yerleşirken, öte yandan da kadın mimarlar yarışma ortamından yararlanarak giderek daha fazla deneyim kazanmıştır. Bu sayede özellikle 40'lı yılların ikinci yarısından sonra *Arkitekt* dergisinde gördüğümüz kadın mimarlar erkek meslektaşları ile aynı düzeydeki ürünleri ile dikkat çekerler. Rekabette daha eşit koşullar artık oluşmaktadır. 1946 "Ankara Sinema-Otel Yarışması" sonuçlarına bakılırsa Leyla Turgut ve Suat Erdeniz'in ikinciliği paylaştıkları görülür. Bu yarışmada jüri birinciliğe değer eser bulamamıştır. Leyla Turgut'un önerisi dönem zevkini iyi yansıtan güçlü cephe karakteri ve tutalı plan çözümü ile pek çok açıdan Erdeniz'in projesinden daha fazla göz doldurmaktadır (bkz. resim s. 55).

Öte yandan 40'lı yıllarda çalışmalarını sürdürmüş bir diğer önemli isim olan Celile Berk'in Haydar Yücelen ile beraber katıldığı "İstanbul Radyoevi Yarışması", sonuçları açısından oldukça çarpıcıdır. 1930'larda olgunlaşmayan modern mimarlık dilinin ulusal yorumu, 40'lı yıllarda biçimsel özellikleriyle belirginleşmiş ve kanonlaşmıştır. Birinci Ulusal Akımın ortak temaları sitemli bir biçimde çoğaltılmakta ve yaygınlaştırılmaktadır. Bu yarışmada, bina programındaki stüdyoların sağır cephelerine getirilen çözümlerin derecelendirmeyi çok etkilediği bilinmektedir. Modernizasyonun önemli araçlarından biri olan radyonun simgesel olarak kentle de yüzleşen bir yapı olması gerektiği gerçeği hemen hemen tüm katılımcılar tarafından da kavranmış gözükmektedir. Berk ve Yücelen'in projeleri de dengeli kitle kompozisyonu ve açıklık orantıları ile sağlam ilkelere oturmaktadır (bkz. resim s. 52-53). Aynı yarışmada Kemali-Harika Söylemezoğlu çifti de derece almıştır.

1946 yılına ait Münevver Belen tasarımı "Şişli Maliye Şubesi Binası" yalın, ancak çarpıcı bir yapıdır. Dönemin karakteristik özelliklerinden olan yatay çerçevelerde düzenlenen pencere açıklıkları, yine yatayda vurgulanan çatı düzlemi gibi tasarım elemanları ile derinlik kazandırılmıştır[8]. Tutarlı proporsiyonlar, bu basit prizmayı mücevher kutusu gibi ince işlenmiş bir tasarım nesnesine dönüştürür (bkz. resim s. 56). Münevver Hanım'ın duyarlı tasarımcı kimliği üzerinde daha uzun çalışmalar yapılması gereken bir noktadır. Belen'in 30'lu yıllardan beri sürdürdüğü tasarım çizgisi tutarlılıklar gösterir. Nitekim 1938'de birincilik aldığı "Bursa Halkevi Yarışması", oldukça başarılı bir avlulu plan tipi yorumudur ve erken gelişmiş bir kişisel mimari kimliğin göstergesidir. Çağdaşı Tomsu'ya göre modern mimari dile daha egemen olduğu hemen göze çarpmaktadır (bkz. resim s. 60-61).

Leyla Baydar elbette ki ilk kadın mimarlar arasında mutlaka bir isim olarak karşımıza çıkmaktadır. Firuzan Baydar ile birlikte katıldığı " Eskişehir Garı Proje Yarışması"nda birinciliği almıştır. Artikülasyon, klişeleşmiş bir simetrik

8 Simetrik aksiyel plan, abartılmış boyutlar, anıtsal kolon düzeni, ritmik dikdörtgen pencere dizisi, taş duvarlar, yatık kemer ve yarım daire kemerler, tuğla süsler ve bezeli saçaklar, konsollar, sembolik süs, rölyef ve amblemler, giriş aksı ve düşey sirkülasyon elemanlarının anıtsal boyutları gibi bir kaç ana tema biçimsel dönem özellikleri arasında sayılabilir (Y. Sayar, 1998).

parçalanmadır. Yapı, büyüklüğüne karşın algısal olarak parçalanmıştır. Cumhuriyet Modernizasyonunun önemli sembollerinden biri olan demiryolları ve garlar Anadolu'nun yeniden planlanan kentleri için önemli prestij yapıları olmuştur. Eskişehir Garı da bunlardan bir tanesidir (bkz. resim s. 58-59).

Cumhuriyet'in ilk yıllarında hızlı bir mimari yarışma dizisi göze çarpmaktadır. Sebepleri ve sonuçları açısından özellikle son dönem mimarlık araştırmaları arasında oldukça fazla rağbet gören bu yarışmalarda ödül alan projeler, *Arkitekt* dergisinde o yıllarda kapsamlı olarak yayınlamıştır. Dönemin yapı envanteri açısından önemi tartışılamayacak bu belgeler arasında yer alan kadın mimarların çok sayıdaki yapıtı, nasıl olup da uzun yıllar boyunca mimarlık tarihi çalışmalarının nesnesi olamamıştır, anlaşıl-

Eskişehir Garı Projesi, Leyla Baydar, Firuzan Baydar, 1947.

ması olanaksızdır. Bu arada derginin yer verdiği proje yarışmaları yanında kadın mimarların yaptıkları uygulamalar az sayıda da olsa, aynı kaynakta yayınlanmıştır. Bu az sayıda uygulama örneğinden bir tanesi de Y. Mimar Nihal Sanlı'nın yapılarıdır. 1944'de yayınlanan "İzmir Fuarında Çocuk Esirgeme Kurumu Pavyonu" basit bir dipteros plandır. Fuar yapılarının geçirgen ve hafif konseptine uyan bu yapı, ahşap strüktürü ile son derece başarılı bir uygulamadır (bkz. üstteki resim s. 62). Nihal Hanım'ın bir diğer uygulama projesi ise, "Adana Memur, Teknisyen ve Ustabaşı Evleri"dir. Batı'da sosyal konut konularını çalışmaya ilk olarak kadın mimarların başladığı bilinmektedir. Nihal Sanlı da, proje açıklamalarında 40'lardaki konut sorununun kısaca geçmişini aktarmakta ve sorunun Adana'ya özgü boyutları üzerinde durmaktadır. Konut çevreleri için modernitenin getirdiği 'sağlıklı ve mutlu örnek aile' tema-

sı, burada da karşımıza çıkmaktadır. Artık kent yaşamına 'entegre olduğu' açıklanan memurlar ve teknikerler için modern yaşam standardında, sağlıklı konut gereksinimi olduğu tasarımcı tarafından belirtilmektedir. Nihal Şanlı, özel bir toplumsal duyarlılığı çalışmalarına da yansıtan bir mimardır (bkz. alttaki resim s. 62).

SONUÇ
Cumhuriyetin ilk kuşak kadın mimarları 60'lı yıllarda da çalışmalarını sürdürmüştür. Yarışmalarda kazanılan başarılar yavaş yavaş jüri üyeliklerini de getirmiştir. Bu da kadın mimarların yapılaşmış çevrede dolaylı yönden etkisinin art-

Bursa Halkevi Projesi, Münevver Belen, 1938.

ması anlamına da gelmektedir. Türk Kadın Mimarları ile ilgili çalışmalarda dikkati çeken bir kaç nokta vardır:

1 Türkiye'de kadın mimarlar ile ilgili konular, bu güne kadar kadınların çektikleri sıkıntılar ile ele alınmıştır. Oysa Türkiye'de çalışan kadınların problemleri, meslek ayrımı olmaksızın ortaktır.

2 Bununla beraber, kadın mimarlara ait özel veya genel hiç bir koleksiyon bulunmamaktadır. Belgeler özellikle ilk kuşak mimarlar için kaybolup gitme tehlikesi ile karşı karşıyadır. *Arkitekt* dergisinde yayınlanan projelerin dışında orijinal çizimlerin ve fotoğrafların toplanması gerekmektedir. Koleksiyon oluşturulması özel bir organizasyo-

Üstte: İzmir Fuarı Çocuk Esirgeme Pavyonu, Nihal Şanlı, 1944.

Altta: Adana Memur/Teknisyen Evleri, Nihal Şanlı, 1947.

na ve ekonomik kaynağa gereksinim duyulmaktadır. Batı'daki kadın mimar arşivleri genellikle oda birlikleri tarafından organize edilmekle beraber, bazı kadın araştırmaları grupları da bu çalışmalara destek vermektedir (Programme NOW örneğinde olduğu gibi).

3 Biyografi/Monografi çalışmaları henüz yoktur.

4 Kadın Araştırmaları Gruplarının özellikle tarihçilerin ve sosyologların Meşrutiyet Dönemi üzerine yaptıkları çalışmalarda yapılaşmış çevreye ilişkin veriler toplanmamıştır. Ev dekorasyonu, gündelik yaşamda konut ve kadın ilişkileri işlenmemiştir. Meşrutiyet Dönemi Kadın Dergileri bunun için iyi bir kaynaktır. Bu dergilerin tarihçiler tarafından başka açılardan yapılan değerlendirmeleri mevcuttur.

Kaynaklar

A. Aktar, "Şark Ticaret Yıllıklarında 'Sarı Sayfalar': İstanbul'da Meslekler Ve İktisadi Faaliyetler Hakkında Bazı Gözlemler, 1868-1938", Toplum ve Bilim, 76 Bahar, 1996, s: 130.

Y. Arat, "Kemalizm ve Türk Kadını", 75 Yılda Kadınlar ve Erkekler, İş Bankası Yayınları, İstanbul,1998a.

Y. Arat, "Türkiye'de Modernleşme Projesi ve Kadınlar", Türkiyede Modernleşme ve Ulusal Kimlik, S. Bozdoğan, R. Kasaba (ed.), Tarih Vakfı Yurt Yayınları, İstanbul, 1998b.

A. Balamir, "Dünya Kadın Mimarlar Kongresinden İzlenimler", Mimarlık, sayı: 2, 1992, s: 48-52.

F. Berktay, "Kendine Ait Bir Tarih", Tarih ve Toplum, Mart 99, sayı: 183, 1999, s. 47-54.

S. Bozdoğan, "Türk Mimari Kültüründe Modernizm", Türkiye'de Modernleşme ve Ulusal Kimlik, Sibel Bozdoğan ve Reşad Kasaba (ed), Tarih Vakfı Yurt Yayınları, İstanbul, 1998, s: 118-135.

Cacoullos Ann R., "American Feminist Theory (historical survey)", American Studies International, Şubat 01, cilt: 39, 2001, s:72.

Cleddinnig A., "Gas and Water Feminism: Maud Adeline Brereton and Edwardian Domestic Technology", Canadian Journal of History, Nisan 98, cilt: 33, no: 1, 1998, s: 1-24

N. Çağatay Y. Soysal, "Uluslaşma Süreci ve Feminizm Üzerine Karşılaştırmalı Düşünceler", Kadın Bakış Açısından Kadınlar, Şirin Tekeli (ed), İletişim Yayınları, İstanbul, 1993. s: 327-338.

B. Çimen, "Kadın Mimarlarımızın Konumu", Mimarlık 89/3, 1989, s: 52-54.

Ö. Erkarslan Erdoğdu, "İsim Rümuz Cinsiyet: Yapılaşmış Çevrede Temsiliyet Sorunları", İletişim, 2001 Yaz, s: 271-278.

http://library.neveda.edu/arch/rsrce/resguide/archwom.html
http://www.Arvha.asso.fr/arvha_english/arvha/doc_arvha/international.html
http://www.caup.wahington.edu/WomenPress

http://www.kliment-halsband.com/exhib.htm

D. Kandiyoti, "Ataerkil Örüntüler: Türk Toplumunda Erkek Egemenliğinin Çözümlenmesine Yönelik Notlar", Kadın Bakış Açısından Kadınlar, Şirin Tekeli (ed), İletişim Yayınları, İstanbul, 1993, s: 367-383.

D. Kandiyoti "Modernin Cinsiyeti: Türk Modernleşmesi Araştırmalarında Eksik Boyutlar", Türkiye'de Modernleşme ve Ulusal Kimlik, Sibel Bozdoğan ve Reşad Kasaba (ed), Tarih Vakfı Yurt Yayınları, İstanbul, 1998, s: 99-117.

L. Kırkpınar, "Türkiye'de Toplumsal Değişme Sürecinde Kadın", 75 Yılda Kadınlar ve Erkekler, İş Bankası Yayınları, İstanbul, 1998.

J. Maleçkova, "Kadın ve Bir Milletin Kaderi. Milli Uyanışın İlk Dönemlerinde Kadınlara Biçilen Rol", Tarih Eğitimi ve Tarihte "Öteki" Sorunu, Tarih Vakfı Yurt Yayınları, İstanbul, 1998, s: 201-214.

M. Müftüler, "Turkish Women's Predicatement", Women's Studies International Forum, cilt: 22, sayı: 3, 1999, s: 303-315.

N. Os, "Kandilli Sultani-i İnas", Tarih ve Toplum, Temmuz 97, sayı 63, 1997, s:26-34.

E. Özçelebi, An Inquiry on the Impact of Competitions in Architectural Practice: Documentation of Architectural Design Competitions in Turkeu Between the years 1931-1969, Yayınlanmamış Yüksek Lisans Tezi, ODTÜ, Ankara,1999.

D. Petrescu, "Alterities: 'Feminine Practices, Technology and the Poetic Policies of Space", mama 00, sayı: 26, 2000,

s: 18-19.

D. Rowe, "Overcoming All Obstacles: The Women of the Académie Julian", Women's Studies International Forum, cilt: 23, sayı: 4, 2000, s: 523-524.

Y, Sayar, The Impact of Architectural Design Competitions in Evaluation of Architectural Design Trends For a Secular Identity 1933-1950, Yayınlanmamış Doktora Tezi, Dokuz Eylül Üniversitesi, İzmir, 1998.

Ü. B. Seymen, "Kadın Mimarlarımız",Mimarlık, 89/3, 1989, s: 50-51.

E. Soja, Thirdspace, Blackwell Publishers, Cambridge, 1996.

İ. Tekeli, "Tarih Yazıcılığı ve Öteki Kavramı Üzerine Düşünceler", Tarih Eğitimi ve Tarihte "Öteki" Sorunu, Tarih Vakfı Yurt Yayınları, İstanbul, 1998, s: 1-6.

Ş. Tekeli, "Birinci Ve İkinci Dalga Feminist Hareketlerin Karşılaştırmalı İncelemesi", 75 Yılda Kadınlar ve Erkekler, İş Bankası yayınları, İstanbul, 1998.

L.K. Weisman, "A Feminist Critique of the Man-Made Environment", Progressive Architecture, Mart 93, cilt:74, sayı: 3, 1993, s.117.

YARIŞMALARDA GÜNDEME GELDİĞİ BİÇİMİYLE TÜRK KADIN MİMARLARIN ETKİNLİKLERİ (1938-1969): BİR KRONOLOJİK DÖKÜM

ÖZLEM ERDOĞDU ERKARSLAN

Kadın mimarların Cumhuriyetin ilk yıllarından 1969 yılına kadar (1938-1969) uzanan aralıktaki mimarlık ve şehircilik yarışmalarında kazandıkları dereceler ve yaptıkları jüri üyelikleri şöyledir:

1938

Leman Cevad Hanım (Tomsu), üçüncülük, Kadıköy Halkevi Binası Proje Müsabakası.

Leman Tomsu, üçüncülük, Sivas Halkevi Binası Proje Müsabakası (uluslararası).

Münevver Belen, birincilik, Bursa Halkevi Yarışması.

1939

Leman Tomsu, üçüncülük, Sivas Halkevi Yarışması.

1940

Şekure Niltuna, Polis Koleji Müsabakası
(Lütfi Niltuna ile birlikte).

1943

Celile Berk (Butka), mansiyon, Çanakkale Halkevi Müsabakası (Haydar Yücelen ile birlikte).

Leman Tomsu, dördüncülük, Çanakkale Halkevi Müsabakası.LemanTomsu, mansiyon, Ankara Otomatik Telefon Santrali Müsabakası.

1944

Celile Berk, satın alma, Adana Numune Evleri Proje Müsabakası (Haydar Yücelen ile birlikte).

Celile Berk, ikincilik, Ödemiş Şehir planı müsabakası (Y. Mimar Kemal Ahmet Aru ve Y. Mimar Orhan safa ile birlikte).

Leyla Turgut, mansiyon, Çanakkale şehitleri Abidesi Müsabakası (Asım Mutlu ile birlikte).Leman Tomsu, Zonguldak Şehir Oteli Proje Müsabakası.

Nezahat Sugüder, Adana Belediye sarayı Proje Müsabakası.

Rana Erkızan, satınalma, Adana şehir Oteli Projesi Müsabakası (Y. Mimar Pertev Şanlı ile birlikte).

1945

Celile Berk, dördüncülük, İstanbul Radyoevi Proje Müsabakası (Haydar Yücelen ile birlikte).

Harika Söylemezoğlu, mansiyon, Erzurum Devler demiryolları mahallesi proje Müsabakası (eşi Kemali Söylemezoğlu ile birlikte).LemanTomsu, mansiyon, Erzurum Devler demiryolları mahallesi proje Müsabakası.

1946

Leyla Turgut, mansiyon, Ankara Fen Fakültesi Proje Müsabakası.

Leyla Turgut, ikincilik, İstanbul Açıkhava Tiyatrosu Proje Müsabakası.

Leyla Taylan (Baydar), birincilik, Eskişehir Garı Müsabakası (Ferzan Baydar ile birlikte).

Leman Tomsu, mansiyon, Eskişehir Garı Müsabakası.

1947

Harika Söylemezoğlu, İstanbul Adliye Sarayı Proje Müsabakası (Hamit ve Kemali Söylemezoğlu ve Gazanfer Erim ile birlikte).

Harika Söylemezoğlu, mansiyon, İstanbul Adliye Sarayı Proje Müsabakası (Y.Müh.Mim. Mukbil Gökdoğan ve Kemali Söylemezoğlu ile birlikte).

Leman Tomsu, mansiyon, İstanbul Adliye Sarayı Proje Müsabakası (Y. Müh. Mimar Enver Tokay ile birlikte).

1948

Leman Tomsu, tek kat üç- dört- beş oda kategorilerinde birincilik, Ankara İller Kooperatifi Ev Projeleri Müsabakası (Enver Tokay ve Ali Kızıltan ile birlikte).

Leman Tomsu, ikincilik, Ankara'da Fidanlık Sahasında Yapılacak Apartman Projeleri Müsabakası (Enver Tokay ve Ali Kızıltan ile birlikte).

Melahat Filibe, mansiyon, Ankara'da Fidanlık Sahasında Yapılacak Apartman Projeleri Müsabakası.

Necibe Saracoğlu, mansiyon, Ankara'da Fidanlık Sahasında Yapılacak Apartman Projeleri Müsabakası (Y. Mimar Kadri Erdoğan ile birlikte).

Leman Tomsu, mansiyon, İzmit Belediye Binası ve Şehir Oteli Proje Müsabakası.

1949

Leyla Taylan Baydar, dördüncülük, Bursa'da Süleyman Çelebi Mezarı Proje Müsabakası.

Mukadder Çizer, iki katlı dört odalı kategorinin üçüncüsü, Ankara Belediyesi Ucuz Evler Proje Müsabakası (Y. Mimar Recai Akçay ile birlikte).

Neriman Birce, tek katlı üç odalı kategorinin üçüncüsü, Ankara Belediyesi Ucuz Evler Proje Müsabakası (Y. Mimar kemal Ülkümen ve Y. Mimar İlhan Bumin ile birlikte).

Zehra Alagöz, tek katlı iki odalı kategorinin üçüncüsü, iki katlı üç odalı kategorinin ikincisi, Ankara Belediyesi Ucuz Evler Proje Müsabakası (Y. Müh. Mimar Samim Sarıgöl ile birlikte).

1950

Mukadder Çizer, iki katlı dört odalı kategorinin birincisi, İstanbul'da Emlak Bankası Ucuz Evler Proje ve Ucuz Ev Etüdü Müsabakası (Y. Mimar Recai Akçay ile birlikte).

Neriman Birce, tek katlı iki odalı kategorinin birincisi, İstanbul'da Emlak Bankası Ucuz Evler Proje ve Ucuz Ev Etüdü Müsabakası (Y. Mimar Kemal Ülkümen ve Y. Mimar İlhan Bumin ile birlikte).

Zeren Akınay, ikincilik, TC Merkez Bankası İzmir Şube Binası Proje Müsabakası (Y. Mimar Muzaffer Sudalı ile birlikte).

1951

Leyla Baydar, soğuk bölge küçük ajans tipi ikincilik, TC Ziraat Bankası Şube ve Ajans Tip Planları Birinci Proje Müsabakası (Y. Mim. Ferzan Baydar ile birlikte).

Leyla Baydar, sıcak bölge küçük ajans tipi mansiyon, TC Ziraat Bankası Şube ve Ajans Tip Planları Birinci Proje Müsabakası (Y. Mim. Ferzan Baydar ile birlikte).

Leyla Baydar, mansiyon, Gureba Hastanesi Ortopedi ve Psikiatri Pavyonları Proje Müsabakası, (Y.Mimar Ferzan baydar ile birlikte).

Leman Tomsu, jüri üyeliği, İstanbul Askeri Müze Proje Müsabakası.

1952

Harika Söylemezoğlu, mansiyon, İzmir Şehri İmar Planı Proje Müsabakası (uluslararası), (Y. Mimar kemali Söylemezoğlu ile birlikte).

1953

Harika Söylemezoğlu, ikincilik, İstanbul Belediye Binası Proje Müsabakası (Y. Mimar Doç. Kemali Söylemezoğlu ile birlikte).

Mesadet Adaş, üçüncülük, İstanbul Belediye Binası Proje Müsabakası (Y. Mimar Turhan Ökeren ve Y. Mimar İlhan Filmer ile birlikte).

Mesadet Adaş, Harika Söylemezoğlu ve Mualla Eyüboğlu, mansiyon, Eskişehir Memleket Hastanesi Proje Müsabakası (kalabalık gruba ek olarak Kemali Söylemezoğlu, Orhan Özgüner ve Kadri Erkmen).

1955

Hande Çağlar, mansiyon, Ankara Belediyesi Mağaza Binası Proje Müsabakası (Y. Müh. Mimar Süleyman Giritlioğlu ile birlikte).

Hande Çağlar, üçüncülük, Türk Ticaret Bankası Emeklilik Sandığı Adana Şube Binası Proje Müsabakası (Y. Müh. Mimar Altay Erol ile birlikte).

Nuran Aksis, birincilik, Türk Ticaret Bankası Emeklik Sandığı Adana Şube Binası Proje Müsabakası (Y. Mimar Muhlis Türkmen ve Y. Mimar Atıf Ceylan ile birlikte).

Sema Seyrek, mansiyon, İzmir Konak Sitesi Proje Müsabakası (Y. Müh. Mim. Can Egeli, Y. Mimar Gazanfer Erim, Ressam Nevzat Özyurtlu ile birlikte).

1956

Ayten Seçkin, birincilik, Ankara Esnafları Kooperatifi Çarşı ve İşhanı Proje Müsabakası (Y. Müh. Mimar Ayhan Tayman ve Y. Müh. Mimar Behruz Çinici ile birlikte).

Neriman Birce, jüri başkanlığı, Elazığ Hükümet Konağı Proje Müsabakası.

1957

Hande Çağlar, mansiyon, Gaziantep Şehitler Abidesi ve Harp Müzesi Proje Müsabakası (Y. Müh. Mim. Tekin Aydın, Y. Müh. Mimar Altay Erol ve yardımcı Yalçın Emiroğlu ile birlikte).

Hande Çağlar, ikincilik, Kooperatifler Sarayı Proje Müsabakası (Tekin Aydın ile birlikte).

1958

Ayten Tokay, mansiyon, Urfa Hükümet Konağı Proje Müsabakası (Y. Müh. Mimar Toros Doruk, Y. Müh. Doğan Şahin ile birlikte).

1959

Gülseren Seçkin, üçüncülük, Anadolu Kulübü Büyükada Oteli Proje Müsabakası.

Mimar Celile Butka, Anadolu Kulübü Büyükada Oteli Proje Müsabakası (Y. Müh. Mim. Kemal Butka ile birlikte).

1960

Perran Doğancı, ikincilik, Ankara Yüksek Öğretmen Okulu Proje Müsabakası (Y. Müh. Mimar Altuğ Tanrıverdi ile birlikte).

1962

Birsen Doruk, üçüncülük, TC Yeni Delhi Büyükelçilik Binası Proje Müsabakası (Y. Müh. Mimar Teoman Doruk ve Y. Müh. Mimar Erol Kulaksızoğlu ile birlikte).

1963

Birsen Doruk, ikincilik, İstanbul Ticaret Odası Binası Proje Müsabakası (Y. Müh. Mimar Teoman Doruk ve y. Müh. Mimar Yüksel Umuter ile birlikte).

Gökçen Sungurtekin, birincilik, TC Lefkoşe Büyükelçilik Binası Mimari Proje Yarışması.

Gökçen Sungurtekin, mansiyon, Göztepe 500 yataklı İşçi Hastanesi Proje Yarışması.

Mine Özbil, mansiyon, Ege Üniversitesi Fen fakültesi Binası Proje Yarışması (Necati İnceoğlu ile birlikte).

Neriman Birce, jüri üyesi, TC Lizbon Büyükelçiliği Binası Mimari Proje Yarışması.

Neriman Birce, yedek jüri üyesi, İstanbul Ticaret Odası Binası Proje Müsabakası.

Perihan Gökçe, ikincilik, Beyoğlu Yataklı İşçi Hastanesi Proje Yarışması (İlhan Öztürk ve Gündüz Gökçe ile birlikte).

Perihan Gökçe, mansiyon, Zonguldak İşçi Hastanesi Proje Yarışması (İlhan Öztürk ve Gündüz Gökçe ile birlikte).

Perran Doğancı, jüri üyesi, İzmir'de 27 Mayıs Meydanında Çarşı ve İşhanı Proje Yarışması.

Sevgi Kayı, mansiyon, Göztepe 500 yataklı İşçi Hastanesi Proje Yarışması (Yılmaz Uğurlu ile birlikte).

Sevgi Şerefli, ikincilik, Göztepe 500 yataklı İşçi Hastanesi Proje Yarışması.

Sevgi Şerefli, mansiyon, Ege Üniversitesi Ziraat fakültesi Binası Proje Müsabakası.

Sevinç Elmas, mansiyon, İstanbul Üniversitesi Kütüphane Binası Proje Yarışması (Erdoğan Elmas ile birlikte).

Siray Erdemir, üçüncülük, Ege Üniversitesi Fen fakültesi Binası Proje Yarışması (Yüksel Erdemir ve Eren Boran ile birlikte).

Şaziment Arolat, birincilik, Zonguldak İşçi Hastanesi Proje Yarışması (Neşet Arolat ile birlikte).

Şaziment Arolat, ikincilik, TC Lizbon Büyükelçiliği Binası mimari Proje Yarışması (Neşet Arolat ile birlikte).

Yurdanur Ataker ve Mimar Sevinç Tüjümet,mansiyon, Göztepe 500 yataklı İşçi Hastanesi Proje Yarışması.

Yurdanur Ataker, üçüncülük, Beyoğlu Yataklı İşçi Hastanesi Proje Yarışması.

1964

Birsen Doruk, mansiyon, TC İslamabat Büyükelçilik Binası Mimari Proje Yarışması (Teoman Doruk ve Yüksel Umuter ile birlikte).

Neriman Birce, jüri üyesi, Edirne Hükümet Konağı Mimari Proje Yarışması.

Perran Doğancı, jüri üyesi, TC İslamabat Büyükelçilik Binası Mimari Proje Yarışması.

Perran Doğancı, mansiyon, İzmir-Bornova Deneme Öğretmen Okulu Binası mimari Proje Yarışması (Yılmaz Ergüvenç ile birlikte).

Şaziment Arolat, ikincilik, İstanbul Beykoz ortaokulu Binası Mimari Proje Yarışması (Neşet Arolat ile birlikte).

Şaziment Arolat, ikincilik, İzmir-Bornova Deneme Öğretmen Okulu Binası Mimari Proje Yarışması (Neşet Arolat, Hayik kaplanoğlu ve Cevat Dayanıklı ile birlikte).

Şaziment Arolat, satınalma, Edirne Hükümet Konağı Mimari Proje Yarışması (Neşet Arolat ile birlikte).

1965

Şaziment Arolat, Beyoğlu İlkyardım Hastanesi Mimari Proje Yarışması (Neşet Arolat ile birlikte).

1966

Afife Emiroğlu, mansiyon, TC Emekli Sandığı İstanbul Maçka Oteli Proje Yarışması (Selçuk Batur ve Öcal Ertüzün ile birlikte).

Ayça Bilsel ve Suna Çakmakçı, mansiyon, Erzurum Kenti İmar Planı Yarışması (Güven Bilsel, Settar Parsa ve Ruhi Güler ile birlikte).

Ayça Bilsel, ikincilik, , Adana Kenti İmar Planı Yarışması (Güven Bilsel, Settar Parsa, Tankut Ünal ve Ruhi Güller ile birlikte).

Aysel Aydın, mansiyon, TC Emekli Sandığı İstanbul Maçka Oteli Proje Yarışması (Güngör Kabakçıoğlu ve Vecdi Arduman ile birlikte).

Bengü Eser, satınalma Adana Kenti İmar Planı Yarışması (Erol Türkgenç ve Erol Kurt ile birlikte).

Gönül Aslanoğlu, mansiyon, İstanbul Vatan Caddesi Mevzi İmar Planı ve Kitle Etüdü Yarışması.

Gönül Tankut ve Sevgi Alpsoy, mansiyon, Adana Kenti İmar Planı Yarışması (Yıldırım Yavuz ile birlikte).

Gönül Tankut ve Sevgi Alpsoy, satınalma, Erzurum Kenti İmar Planı Yarışması (Yıldırım Yavuz ile birlikte).

Güler Etker, mansiyon, Erzurum Kenti İmar Planı Yarışması (Erden Etker ile birlikte).

Güler Özduman, üçüncülük, İzmir Agamemnon Sıcak Su Tedavi Merkezi Mimari Proje Yarışması (Ünal Şınık ve Taneri Alpay ile birlikte).

Hande Suher ve Ayten Çetiner, ikincilik, Erzurum Kenti İmar Planı Yarışması (Kemal Ahmet Aru, Gündüz özdeş, Ahmet Keskin, Saim Beygo ve Orhan Göçer ile birlikte).

Mine İnceoğlu, üçüncülük, Erzurum Yönetici Merkez Düzenlemesi ve Belediye Sitesi Mimari Proje Yarışması (Necati İnceoğlu ile birlikte)

Neriman Birce, jüri üyesi, TC Brezilya Büyükelçilik Binası Proje Yarışması.

Şaziment Arolat, mansiyon, İzmir Belediye Sarayı Mimari Proje Yarışması (İlhami Ural, çetin Ural ve Neşet Arolat ile birlikte).

Şaziment Arolat, mansiyon, TC Brezilya Büyükelçilik Binası Proje Yarışması (Neşet Arolat ile birlikte).

Şaziment Arolat, satınalma, TC emekli sandığı İstanbul Maçka Oteli Proje Yarışması (Neşet Arolat ile birlikte).

Yurdanur Sepkin, mansiyon, TC Brezilya Büyükelçilik Binası Proje Yarışması (Halis Tektaş ile birlikte).

1967

Afife Batur, ikincilik, Sayıştay İlave Binası Yarışması (Selçuk Batur ile birlikte).

Afife Batur, üçüncülük, Erzurum Atatürk Üniversitesi Tıp Fakültesi ve Araştırma Hastanesi Yarışması (Selçuk Batur ile birlikte).

Ayça Bilsel ve Suna Çakmakçı, mansiyon, Sivas Kenti Nazım İmar Planı Yarışması (Güven Bilsel, Settar Parsa ve Tankut Ünal ile birlikte).

Bilgen Duranlı, mansiyon, Karadeniz Teknik Üniversitesi Makine ve Elektrik Fakülteleri Binaları Mimari Proje Yarışması (Tanju Kaptanoğlu ile birlikte).

Bilgen Duranlı, mansiyon, Sayıştay İlave Binası Yarışması (Tanju Kaplanoğlu ile birlikte).

Birsen Doruk, mansiyon, Ankara Ulus Çarşısı Mimari Proje Yarışması (Teoman Doruk ile birlikte).

Figen Tokmakoğlu, mansiyon, İstanbul Ordu Evi Sitesi Mimari Proje Yarışması.

Filiz Aktan, jüri üyesi, Zonguldak Teknik Okulu Yarışması.

Mahbube Yazgan, jüri üyesi, Karadeniz Teknik Üniversitesi Makine ve Elektrik Fakülteleri Binaları Mimari Proje Yarışması.

Melahat Topaloğlu, jüri üyesi, Sivas Kenti Nazım İmar Planı Yarışması.

Meral Umocan, mansiyon, mansiyon, Başbakanlık İstanbul Bölge Binası Proje Yarışması 1967.

Neriman Birce, jüri üyesi, Ankara Ulus Çarşısı Mimari Proje Yarışması.

Neriman Birce, jüri üyesi, İzmir Hastanesi Yarışması.

Neriman Birce, jüri üyesi, Sivil Savunma Koleji İdare ve Eğitim Tesisleri Mimari Proje Yarışması.

Neriman Birce, jüri üyesi, Zonguldak Kız İlk Öğretmen Okulu Proje Yarışması.

Nezihe Taner, jüri üyesi, Sivas Kenti Nazım İmar Planı Yarışması.

Nursel Özdiker, satınalma, Ankara Tandopğan Silahlı Kuvvetler Öğrenci Yurdu Yarışması (Muammer Onat ve Ali Muslubaş ile birlikte).

Nurten Müftüler, mansiyon, Zonguldak Teknik Okulu Yarışması (Yalçın Müftüler ile birlikte).

Nurten Müftüler, üçüncülük, İstanbul Ordu Evi Sitesi Mimari Proje Yarışması (Yalçın Müftüler ile birlikte).

Perran Doğancı, jüri üyesi, Erzurum Atatürk Üniversitesi Tıp Fakültesi ve Araştırma Hastanesi Yarışması.

Perran Doğancı, jüri üyesi, İzmir Hastanesi Yarışması.

Semra Dikel, birincilik, Ankara Ulus Çarşısı Mimari Proje Yarışması (Orhan Dikel ile birlikte).

Semra Dikel, üçüncülük, Erzurum Atatürk Üniversitesi Tıp Fakültesi ve Araştırma Hastanesi Yarışması (Orhan Dikel ve Yılmaz Uğurlu ile birlikte).

Serpil Sönmez, mansiyon, Başbakanlık İstanbul bölge Binası Proje Yarışması (Gürkan Taner ile birlikte).

Seviç Elmas, mansiyon, Erzurum Atatürk Üniversitesi Tıp Fakültesi ve Araştırma Hastanesi Yarışması (Erdoğan Elmas ve Yalçın Oğuz ile birlikte).

Sevinç Elmas, birincilik, Fatih Anıtı Yarışması (Erdoğan Elmas ve Zafer Gülçur ile birlikte).

Sevinç Elmas, birincilik, Sivil Savunma Koleji İdare ve Eğitim Tesisleri Mimari Proje Yarışması.

Sevinç Hadi, mansiyon, Fatih Anıtı Yarışması (Şandor Hadi ile birlikte).

Seyhan Süzer, mansiyon, Sayıştay İlave Binası Yarışması (Yalçın İleri ile birlikte).

Siray Erdemir, mansiyon, İstanbul Harp Akademileri Tesisleri Proje Yarışması (Yüksel Erdemir ile birlikte).

Suzan User, jüri üyesi, Erzurum Atatürk Üniversitesi Tıp Fakültesi ve Araştırma Hastanesi Yarışması.

Suzan User, jüri üyesi, İzmir Hastanesi Yarışması.

Şaziment Arolat, birincilik, İzmir Hastanesi Yarışması (neşet Arolat ile birlikte).

Şaziment Arolat, birincilik, Şişli Çocuk Hastanesi Mimari Proje Yarışması (Neşet Arolat ile birlikte).

Tülay Ardan, ikincilik, İzmir Hastanesi Yarışması (İhsan Ornat ve Adnan Taşçıoğlu ile birlikte).

Yurdanur Atakar, mansiyon, Ankara Tandoğan Silahlı Kuvvetler Öğrenci Yurdu Yarışması.

Yurdanur Ataker ve Yaprak Ataman, Erzurum Atatürk Üniversitesi Tıp Fakültesi ve Araştırma Hastanesi Yarışması (Selçuk Meral ile birlikte).

Yurdanur Sepkin, birincilik, İstanbul Harp Akademileri Tesisleri Proje Yarışması (H. Pektaş ve Ö. Olcay ile birlikte).

Yurdanur Sepkin, birincilik, selimiye Camii Civarının Tanzimi Yarışması (Halis Pektaş ile birlikte).

Yurdanur Sepkin, ikincilik, Antakya Fuarı Yarışması (Aziz Bektaş ve Halis Bektaş ile birlikte).

Yurdanur Sepkin, mansiyon, başbakanlık İstanbul bölge Binası Proje Yarışması (Halis Tektaş ve öner Olcay ile birlikte).

1968

Afife Batur, mansiyon, Ankara Ortopedik Sakat Çocuklar Yarışması (Selçuk Batur ile birlikte).

Ayça Bilsel, ve Suna Çakmakçı, satınalma, Trabzon Nazım planı için Yarışma (Güven Bilsel, Settar Parsa ve Tankut Ünal ile birlikte).

Aynur Omurtag, mansiyon, Karadeniz Teknik Üniversitesi Spor Tesisleri ve Sosyal Tesisler Proje Yarışması.

Aynur Omurtağ, birincilik, Ankara Ortopedik Sakat Çocuklar Yarışması (Teoman Omurtağ ile birlikte).

Bilge Ökte, jüri üyesi, Trabzon Nazım Planı için Yarışma.

Bilgen Duranlı, mansiyon, Kars Hükümet Konağı Mimari Proje Yarışması (Tanju Kaptanoğlu ile birlikte).

Güner Acar, birincilik, Çorum Devlet Hastanesi Yarışması.

Mahbube Yazgan, jüri üyesi, Zonguldak'da Toplum Polisi Sitesi Proje Yarışması.

Neriman Birce, jüri üyesi, Yataklı Muş Göğüs Hastalıkları Hastanesi Proje Yarışması.

Nursel Onat, satınalma, Yataklı Muş Göğüs Hastalıkları Hastanesi Proje Yarışması (Muammer Onat ile birlikte).

Nursel Onat, üçüncülük, Artvin Hükümet Konağı Mimari Proje Yarışması (Muammer Onat ile birlikte).

Nursel Onat, üçüncülük, Kars Hükümet Konağı Mimari Proje Yarışması (Muammer Onat ile birlikte).

Rezzan Karagülle, mansiyon, Yataklı Muş Göğüs Hastalıkları Hastanesi Proje Yarışması (Yavuz Önen ile birlikte).

Semra Dikel, mansiyon, Yataklı Muş Göğüs Hastalıkları Hastanesi Proje Yarışması (Orhan Dikel ile birlikte).

Sevinç Elmas, birincilik, Yataklı Muş Göğüs Hastalıkları Hastanesi Proje Yarışması (Erdoğan Elmas ile birlikte).

Sevinç Elmas, mansiyon, Ordu 200 yataklı göğüs Hastalıkları Hastanesi Yarışması (Erdoğan Elmas ile birlikte).

Sevinç Elmas, Side Turistik Yerleşme Planı Yarışması mansiyon, (Erdoğan Elmas, Güner Gezim, Gürkan gezim ile birlikte).

Sevinç Hadi, İstanbul Reklam Sitesi Proje Yarışması (Şandor Hadi ile birlikte).

Sevinç Kaynak, jüri üyesi, Trabzon Nazım Planı için Yarışma.

Seyhan Süzer, birincilik, Zonguldak'ta Toplum Polisi Sitesi Proje Yarışması (Yüksel Tür ile birlikte).

Seyhan Süzer, mansiyon, Ankara Ortopedik Sakat Çocuklar Yarışması (yüksel Tür ve Yalçın İleri ile birlikte).

Seyhan Süzer, mansiyon, Karadeniz Teknik Üniversitesi Akademik Merkezi Mimari Proje Yarışması.

Seyhan Süzer, birincilik, Ordu 200 yataklı göğüs Hastalıkları Hastanesi Yarışması (Yüksel Tür ve Yalçın İleri ile birlikte).

Suzan User, jüri üyesi, Ordu 200 yataklı göğüs Hastalıkları Hastanesi Yarışması.

Şaziment Arolat, mansiyon, Zonguldak'ta Toplum Polisi Sitesi Proje Yarışması (Neşet Arolat ile birlikte).

Tülay Taşçıoğlu, mansiyon, Karadeniz Teknik Üniversitesi Yer bilimleri ve Orman Fakülteleri Binaları Yarışması (Adnan Taşçıoğlu ile birlikte).

Tülay Taşçıoğlu, üçüncülük, Yataklı Muş Göğüs Hastalıkları Hastanesi Proje Yarışması (Adnan Taşçıoğlu ile birlikte).

Yurdanur Sepkin, mansiyon, Karadeniz Teknik Üniversitesi Spor Tesisleri ve Sosyal Tesisler Proje Yarışması (Halis Pektaş ve Öner Olcay ile birlikte).

1969

Filiz Erkal, mansiyon, Adana Ruh Sağlığı Sitesi Proje Yarışması (Coşkun Erkal ile birlikte).

Güner Acar, ikincilik, Adana Ruh Sağlığı Sitesi Proje Yarışması (Yılmaz Sanlı ile birlikte).

Nursel Onat, üçüncülük, İzmir Toplum Polisi Sitesi Mimari Proje Yarışması (Muammer Onat, Erman Tulca ve İsmail Tekoğlu ile birlikte).

Semra Dikel, jüri üyesi, Adana Ruh Sağlığı Sitesi Proje Yarışması.

Semra Dikel, jüri üyesi, İzmir Toplum Polisi Sitesi Mimari Proje Yarışması.

Suzan User, jüri üyesi, Kastamonu 200 Yataklı Göğüs Hastalıkları Hastanesi Proje Yarışması.

Şaziment Arolat, birincilik, Adana Ruh Sağlığı Sitesi Proje Yarışması (Neşet Arolat ile birlikte).

Şaziment Arolat, ikincilik, Kastamonu 200 Yataklı Göğüs Hastalıkları Hastanesi Proje Yarışması.

Tülay Taşçıoğlu, mansiyon, Kastamonu 200 Yataklı Göğüs Hastalıkları Hastanesi Proje Yarışması.

TÜRKİYE'DE KADIN MİMARLAR (1934-1960)

YEKTA ÖZGÜVEN

Türkiye'de kurumsal anlamda mimarlık eğitiminin verilmeye başlanması, 1883 yılına, resmi adı "Mekteb-i Sanayi-i Nefise-i Şahane"[1] olan güzel sanatlar okulunun açılışına, tarihlenmektedir. Bu okulun, geleneksel mimar anlayışı ile ilintili olarak, yalnızca erkek öğrencilere eğitim vermek amacıyla kurulduğu ve kız öğrencileri kabul etmediği bilinmektedir.

Aynı yıllarda, askeri mühendis yetiştirmek amacıyla eğitim veren "Mühendishane-i Berri-i Hümayun"un[2] içerisinde, "Hendese-i Mülkiye" adlı mimar ve mühendis yetiştiren okulun kurulmasıyla, mimarlık eğitimindeki ilk sivil girişim görülmektedir. Bu okulun askeri kökenli olması, sadece Müslüman ve erkek öğrencilere eğitim hakkı tanınmasına neden olmuştur.

Osmanlı Devleti'nin son yıllarında yaşanan bu gelişmelerle birlikte, birinde informel olsa da, kurumsal anlamda mimarlık eğitimi verilmeye başlanmıştır. İlk sivil mimarlık okulu olan Sanayi-i Nefise Mekteb-i Ali'si, yalnızca erkek öğrencileri kabul etse de, daha çok gayrimüslim öğrencilerin mimarlık eğitimi almayı tercih ettikleri ve Türk erkek öğrencilerin bile sivil mimarlık eğitimine rağbet etmediği görülmektedir[3].

Bu yıllarda, kadınların daima ikinci planda kalan sosyal statüleri nedeniyle, "erkek mesleği" olarak görülen mimarlıkta henüz "kadın" kimliğinin gündeme gelmediği ve kadın mimarların Türkiye mimarlık ortamında yer almadığı açıktır.

---

[1] Bugünkü Mimar Sinan Üniversitesi, 1983 yılında "Mekteb-i Sanayi-i Nefise-i Şahane" adıyla kurulmuştur.
[2] Bugünkü İstanbul Teknik Üniversitesi'nin kökenini teşkil etmektedir.
[3] Mimar Sinan Üniversitesi Mimarlık Fakültesi Sekreterliği'nde bulunan öğrenci kayıt defterlerinin incelenmesi sonucunda, o dönem mezunlarının büyük bir çoğunluğunun gayrimüslim olduğu tespit edilmiştir.

Kadınların güzel sanatlar eğitimde yer almayışları, 1914 yılında sadece kız öğrencilere eğitim vermek amacıyla "İnas Sanayi-i Nefise Mektebi"nin kurulmasıyla çözülmek istenmiş, ancak geçici bir çözüm sağlanmıştır. Bu çözümün yetersizliği, bu kurum içerisinde henüz mimarlık eğitiminden söz edilmemesi ve yalnızca resim ve heykel bölümlerinin yer almasıyla da görülmektedir.

Yaşanan tüm bu kurumsal yenilikler bir yana bırakıldığında, resmi olarak mimarlık eğitimi almadan mimarlık pratiğinin içerisinde de kadınların yer almaması oldukça şaşırtıcıdır. Batı'da kadınların henüz mimarlık okullarına kabul edilmediği dönemde, "diplomasız" olarak mesleki pratik içerisinde bulundukları ve mimari anlamda "haklar"ını almak için mücadele ettikleri görülmekted[4] Osmanlı kadınının geleneksel sosyal statüsü ile açıklanabilecek olan bu karşıtlıkta dikkat çekici olan, mimarlık yapmak için kadınlardan da bir talep gelmemesidir.

Cumhuriyet'in kuruluşu ile yaşanan rejim değişimi ve bunun topluma yansıması olarak oluşturulmak istenen "modern" toplum imgesi ile birlikte, her alanda olduğu gibi mimarlık da ilklere sahne olmuştur. Cumhuriyet dönemiyle benimsenen çağdaş toplum kurma ideali ve modern Türk kadını imgesi, ilk sonuçlarını 1930'larda vermiştir. Batı'dakinden oldukça geç bir tarih de olsa, ilk Türk kadın mimarının ortaya çıkışı 1934 yılını göstermektedir. Fakat, Avrupa ve Amerika'dan farklı olarak, bu "diploma" sahibi bir mimar olacaktır. Böylece ilk kadın mimar, kurumsal mimarlık eğitimine başlanmasından 51 yıl sonra mezun edilmiştir.

İlk Türk kadın mimarlarının Batı'dakinden farklı olarak diplomalı oluşları, oldukça dikkat çekicidir. Diplomasız da mimarlık yapılabildiği bir dönemde kadınların mesleğe katılmamaları, aslında kadınlar arasında henüz mimarlık yapma beklentisinin filizlenmediğini düşündürmektedir. Erken Cumhuriyet döneminde, gelişmiş batı toplumlar, pek çok alanda model alınmıştır. Dolayısıyla, mimarlık

4 L. Walker, "Drawing On Diversity: Women, Architecture and Practice", *Women-Architecture and Practice*, ed. L. Walker, RIBA Heinz Gallery, Londra, 1997, s. 1-26.
G. Wright, "On the Fringe of the Profession: Women in American Architecture", *The Architect: Chapters in the History of the Profession*, ed. S. Kostof, Oxford University Press, New York, 1977, s. 280-308.

okullarında kadınların da eğitim gördüğü gözlemlenerek, aynı "modernlik" göstergesi burada da uygulanmak istenmiştir. Ancak, 19. yüzyılda batıda kadınların mimar olmayı talep etmeleri ve diplomasız olarak mimarlık pratiği içerisinde bulunmak ve bunun eğitimini almak için mücadele içerisinde bulundukları sorunlu süreç, nedense, göz ardı edilmiştir. Türkiye'de bu problem, henüz kadınlardan bu konuda bir istek gelmeksizin, kadınların mimarlık okullarına kabul edilmeye başlamaları ile yaşanmadan çözümlenmiştir. Kadınlar, ancak mimarlık okullarına kabul edilmeye başlanınca mesleğe katılmışlardır. Bu da, aslında gerekçenin mimarlık yapmaktan çok, diploma aracılığıyla kamusal yaşamda yer elde etmek olduğunu akla getirmektedir. Kadının toplumsal yaşamda yer ve görünürlük kazandırma çabasının, çoğu alanda onların haklarından ve mesleki etkinliklerinden daha önemli olduğu düşünebilir. Unutulmamalıdır ki, kadının kamusal görünürlüğü Türkiye'de her zaman zor olmuştur[5].

1934 yılından sonraki dönemde, her yıl bir elin parmaklarını geçmeyecek sayıda kadın mimar mezun edilmiştir. 1944 yılında, ikinci sivil mimarlık okulu İstanbul Teknik Okulu Mimarlık Bölümü (bugünkü adıyla Yıldız Teknik Üniversitesi Mimarlık Fakültesi) ve 1945 yılında İstanbul Teknik Üniversitesi Mimarlık Fakültesi'nin kurulması ile ülke genelinde mimarlık eğitimine duyulan gereksinim giderilmeye çalışılmıştır. Bu kurumlara, hem erkek hem de kız öğrencilerin kabul edilmesiyle, kadın mimarların sayısında bir artış meydana gelmiştir. Fakat mimarlık eğitimi alan kız ve erkek öğrencilerin oranlarına bakıldığında, araştırmanın yapıldığı 1934-1960 yılları arasında erkek öğrencilerin sayısal olarak çok daha geniş bir yer tuttukları görülmektedir. Yine de, özellikle 1950 yılından sonra mezun olan kadın mimar sayısında, gerek öğrenci kontenjanlarının yükseltilmesi, gerekse değişen sosyal yapı nedeniyle, 1930'lu ve 1940'lı yıllarda mezun olanlara oranla büyük bir patlama yaşanmıştır.

5 U. Tanyeli, "Osmanlı Saray Kadınlarının Banilik Rolü (16.-18. yy.): Görüntünün Ardında Ne Var?", *MS Tarih Kültür Sanat Mimarlık*, TBMM Milli Saraylar Daire Başkanlığı Yayını, sayı I, İstanbul, 1999, s. 76-85.

Kadınların mimarlık okullarında yer alışlarının ilk sonucu 1934 yılına tarihlendiğinden, araştırma konusu 1934 yılından sonraki dönemi içermektedir. 1950'li yılların sonundan başlayarak, İstanbul dışında da mimarlık eğitimi veren okulların (önce, Orta Doğu Teknik Üniversitesi) kurulması ve 1960 sonrasında da İstanbul'da özel mimarlık okullarının açılmasıyla kadın mimarların sayısal değerlerinde bir artış meydana gelmiştir. Ancak, araştırmanın temel hedefi Türkiye'de "kadın mimar" kavramının ilk kez ortaya çıkışı ve mimarlık pratiğinin içindeki yerini sorgulamaya yönelik olduğundan, çalışma alanı ilk üç kurum (Mimar Sinan Üniversitesi, İstanbul Teknik Üniversitesi ve Yıldız Teknik Üniversitesi) içinde sınırlandırılarak, konu 1934 ile 1960 yılları arasında ele alınmıştır.

Devlet Güzel Sanatlar Akademisi Yüksek Mimarlık Bölümü'nün 1934 yılı mezunlarından Leman Tomsu ve Münevver Belen, 1936 yılı mezunlarından Şekure (Üçer) Niltuna ve 1939 yılı mezunlarından Leyla Turgut Türkiye'nin ilk kuşak kadın mimarlarıdır[6].

1934-1960 yılları arasındaki 26 yıllık dönemde, toplam 125 kadın mimarın mesleğe adım attıkları belirlenmiştir[7]. Bugün, bu mimarların 22'si hayatta değildir[8]. Halen hayatını sürdüren 103 mimarın ise 32'si ile görüşme yapılmıştır. Bu değer, oransal olarak bütününün % 31'ini oluşturmaktadır. Mimar olmayı tercih etme nedenlerinin ve meslek yaşamlarının doğrultusunu belirleyen etmenlerin, aile kökenlerinden ve çocukluk yıllarında içinde bulundukları ortamla ilintili olması, bu konuda detaylı bir incelemeyi gerektirmiştir.

Aile kökenleri incelendiğinde, bu mimarların kendileri için gurur kaynağı olan geçmişleri kimi zaman Osmanlı sarayına ve hatta bazı beyliklere uzananlar olduğu görülmüştür. Kadın mimarlarla yapılan görüşmelerde, askerlik mesleğinde albaylık rütbesine kadar yükselmiş ve çeşitli savaşlarda madalyalar kazanmış büyükbabaların yanı sıra, sanatçı yakın akrabaların varlığı sık sık gündeme getiril-

---

6 Mimar Sinan Üniversitesi Mimarlık Fakültesi Öğrenci Kayıtları.

7 Mimar Sinan Üniversitesi Mimarlık Fakültesi, İstanbul Teknik Üniversitesi Rektörlüğü Arşiv Müdürlüğü, Yıldız Teknik Üniversitesi Öğrenci İşleri Daire Başkanlığı ve TMMOB Mimarlar Odası Ankara Genel Merkez Şubesi, İstanbul Büyükşehir Şubesi, Ankara Büyükşehir Şubesi'nde yapılan araştırmalar sonucunda 1934-1960 yılları arasında, 125 kadın mimarın adı geçen üç mimarlık okulundan mezun olduğu tespit edilmiştir.

8 TMMOB Mimarlar Odası Ankara Genel Merkez Şubesi, İstanbul Büyükşehir Şubesi Ankara Büyükşehir Şubesi üye kayıtları ve yapılan görüşmeler sonucunda araştırma kapsamında incelenen kadın mimarların 22'sinin bugün hayatta olmadığı tespit edilmiştir.

miştir. Ressam ve şair akrabaları bulunanlar, mimarlık mesleğinin de bir "sanat" dalı olmasından hareketle, yeteneklerinin aileden geldiğini ileri sürmüşlerdir. Benzer biçimde, ailesinde hukuk, mühendislik ve mimarlık gibi yüksek eğitim almış olan aile büyükleri bulunanlar, mimarlık mesleğinin bir "mühendislik" olmasından dolayı, mühendisliğin kuşaktan kuşağa geçen bir aile mesleği olduğunu belirtmişlerdir.

Mimarlığın meslek olarak seçilmesinde aile kökeninin ileri sürülmesi, meslek seçimiyle toplumsal statü beklentileri arasındaki bağlantıyı açıkça ortaya koymaktadır. Bu, Türkiye için gelenekselleşmiş bir tarzdır. Mimarlığın mimar olmak için değil, statü ve saygınlığa ulaşan bir yol tercihi olarak seçildiğini düşündürmektedir.

Görüşme yapılan mimarlara, aile geçmişleri ile ilgili sorular yöneltildiğinde, kimileri aileleri ile ilgili bilgileri açıklamak istemediklerinden, kimileri de ailelerini olduğundan daha "yüksek statüde" göstermek amacıyla dolambaçlı cevaplar vermelerinden dolayı, aile kökenleri konusunda kesin bir rakam vermek oldukça güçtür. Yine de, % 30 kadarının ailesinin özellikle belirtilecek kadar "gurur verici" mesleki uğraşıları olduğu söylenebilir.

İncelenen dönem içinde yetişen kadın mimarlar, Osmanlı'nın son yıllarında ve erken Cumhuriyet'in ilk yıllarında dünyaya gelmişlerdir. Dolayısıyla, anne ve babaları Osmanlı toplumsal yapısının sınırlarını belirlediği imkanlar içerisinde yetişmişlerdir. Bu bağlamda, statüsü özellikle vurgulanan, babaların bile genellikle lise mezunu olduğu görülmektedir. Osmanlı kadınının toplumdaki statüsü nedeniyle daima geri planda kalan annelerin büyük bir kısmı, ilkokul mezunudur.

Yüksek öğrenim görmüş olan babaların ise dönem için itibarlı mesleklerde yoğunlaştığı görülmektedir. Babalarının mühendislik ve öğretmenlik gibi mesleklerle uğraşması, bugün hala kendilerini toplum seviyesinin üzerinde hissetmelerini ve bir tür "aristokrat" olarak yorumlamalarına neden olmaktadır. Babalarının % 10'luk bir kesiminin öğretmenlik yaptığı saptanmıştır. Hangi dalda veya hangi okullarda öğretmenlik yaptıklarının kızları için pek bir önemi yokmuş gibi gözükmektedir. "Özel" olan, toplumun bugünlere gelmesini eğitimli insanların sağlaması ve babalarının da bu eğitim "savaşçıları" içinde yer almaları ile, kendilerine de bir pay biçmeleridir. Bu tutum, eğitimcilik mesleğinin Atatürk çağı Türkiye'sinde taşıdığı itibarlı ve idealistçe yüceltilmiş konumunun ideolojik bir yansıması olmalıdır.

Toplumun kalkınmasında sadece eğitim değil, bilimadamları da etkili olmuştur. Bu nedenle, dönemin mühendislerinin büyük itibarı, kendilerine oldukça yüksek iş imkanı sağlanmasıyla doğru orantılıdır. Özellikle, o yılların küçük endüstri kentlerinde yoğunlaşan mühendislerinin, o kentin ileri gelenleri arasında yer aldığı, mimar kızları tarafından sık sık belirtilmiştir. Bu bakımdan, Zonguldak ve Ereğli demir ve çelik fabrikalarında görev alan inşaat ve elektrik mühendisleri ile ön plana çıkmaktadır. Sahip olunan bu "protokol" mevkii, ileriki yıllarda çocuklarının mimarlık mesleğini seçmelerinde belirleyici olmuştur. Bunun yanısıra, mesleği mimarlık olan babalar da bulunmaktadır. Ancak, bu durum istisnaidir. Mimar babalar, yurtdışında eğitim görmüş ve genellikle üniversitenin eğitim kadrosunda yer almıştır.

Osmanlı Devleti'nin son döneminde, Türklerin meslek seçme eğilimlerinin doğal bir sonucu olarak, bir çok erkek askerlik mesleğini tercih etmiştir. Mimar kız babalarının % 21'inin subay olduğu ve albay rütbesine kadar yükseldikleri görülmektedir. Kız mimar yetiştiren ailelerde, eğitimleri ilkokul veya ortaokul ile sınırlı olan serbest meslek sahibi babaların oranı, % 15'lik bir dilimi oluşturmaktadır. Daha çok İstanbul dışındaki, küçük Anadolu kentlerinde yaşamlarını sürdürmüş olan bu babalar, saatçilik, bıçakçılık ve çiftçilik gibi alanlarda çalışmışlardır. Bunların dışında, çeşitli devlet dairelerinde görev yapmış olan babalara da rastlanmaktadır. Kaymakamlık, Tapu Dairesi, Denizcilik İşletmeleri gibi kurumlarda çalışmış olanlar, % 15'lik bir kesimi teşkil etmektedir. Annelerinin ise, eğitim konusunda babaları kadar şanslı olduklarını söylemek imkansızdır. Tüm evin ve ailenin idaresi, çocuklarının eğitimi ve yetiştirilmesi gibi önemli konuların, aile içerisinde annenin sorumluluğuna bırakılması, annelerinin yaşamını belirleyici olmuştur. Geleneksel Osmanlı aile yapısına hakim olan ataerkil düzen sonucu, çoğu zaman anneler, alışılageldiği gibi, "ev içerisinde" çalışmayı tercih etmişlerdir. Annelerinin % 68'inin ev hanımı olduğu görülmektedir. Bunun doğal bir sonucu ve nedeni olarak da, anneler genellikle ilkokul mezunudur. Mimar kızlarının ifadeleriyle, İstanbul özelinde, kimi zaman aldıkları özel dersler ile kendilerini yetiştirmişler ve yaşamları boyunca da öğrenme isteklerinden bir şey kaybetmemişlerdir. Yine kendi ifadeleri ile gayet "disiplinli, dirayetli, akıllı" olan anneler, yaratılmak istenen modern toplum örüntüsü içerisinde, bir sanat dalı ile ilgilenmişler ve çoğunlukla müzikte yoğunlaşarak keman, piyano veya ud gibi dönemin oldukça popüler ve moda müzik aletlerini çalmışlardır.

Öğrenim bağlamında en üst düzeyi tanımlayarak babalara itibar sağlayan yüksek öğrenim, annelerde yerini lise eğitimine bırakmıştır. Çoğunluğunun annesi ev kadını olsa da, ender olarak ortaokul ve lise mezunu olan annelere de rastlamak mümkündür. Mesleki bir eğitim alan az sayıdaki annelerin ise, Muallim Mektebi mezunu ilkokul öğretmenleri, Kız Sanat Enstitüsü mezunu dikiş öğretmenleri veya yüksek okul mezunu hemşireler oldukları görülmektedir. Annelerinin % 25'inin öğretmen okulu mezunu olması, kimi kesimlerde kadına en "yakışan" mesleğin öğretmenlik olarak göründüğünü dışa vurmaktadır. Fakat aldıkları bu eğitim, yine de çalışma ortamında kolayca yer almalarını sağlamamış, kadının sosyal statüsü ve topluma hakim olan kadının çalışma alanının "çocuklar ve aile" olduğu görüşü, önlerinde aşılması gereken bir engel olarak yer almıştır. Sayısı zaten az olan, meslek sahibi olan annelerin bir kısmının çeşitli nedenlerle ev kadınlığını tercih ettikleri görülmektedir. Annelerinin çalışma ortamında yer almamaları veya yaşadıkları zorluklar, ileriki yıllarda çocuklarının öğrenimine verdikleri destek ve kızlarının yüksek öğrenimlerine devam etmeleri yolundaki arzularının kökenleri olarak ortaya çıkacaktır.

Mimar kız yetiştiren ailelerin çocuk sayılarının birbirinden oldukça farklı olduğu görülmektedir. Kimi ailelerin tek, kimi ailelerinse altıya kadar çıkabilen çocuk sayıları, bu konuda bir genelleme yapılmasını engellemektedir. Bu değişkenlik, kentlere, yıllara veya ailenin eğitim durumu ve sosyal konumu gibi etmenlere de bağlı değildir. Yalnızca, Anadolu kentlerinde yaşayan ailelerin çocuk sayısının, İstanbul'da yaşayanlardan daha fazla olduğu kabaca söylenebilir. Fakat bu durumda belirleyici olan sabit bir etkenden söz etmek mümkün değildir. İstanbul'da da, tek çocuklu ailelerin yanısıra, altı çocuk sahibi aileler bulunmaktadır.

Ailelerin, özellikle annelerinin, çocuklarının eğitimine büyük bir önem verdiği gözlemlenmiştir. Bu da, kendileri arzu etmelerine rağmen gerçekleştiremedikleri öğrenim arzularını çocukları sayesinde yaşama isteklerine bağlanabilir. Doğru orantılı olarak, kadın mimarların kardeşleri de genellikle yüksek eğitim almış ve tıp, mühendislik, öğretmenlik gibi mesleklerde yoğunlaşmışlardır. Kız veya erkek kardeşlerinin % 65'lik bölümünün yüksek öğrenim aldıkları tespit edilmiştir.

Kimi ailelerde ise, kardeşlerin birbirinden etkilenerek mimarlık mesleğini seçtikleri (kendilerinden önce veya sonra) görülmektedir. Ağabeyi veya ablasının mesleğine ilgi duyarak, mimarlık eğitimi alan kardeşler % 15'lik bir dilimi oluşturmaktadır. Yalnız, kendi ifadelerinde dikkat çekici olan nokta, mesleki eğitimleri süresinde ve meslek yaşantılarında mümkün oldukça birbirlerinden uzak kalmaya çalışmışlarıdır. Ağabeyi Ferhan İmre'nin Devlet Güzel Sanatlar Akademisi Yüksek Mimarlık Bölümü'nde eğitim görmesinden etkilenerek, aynı kurumda eğitimine başlamıştır[9]. Gül-

9 F. İmre, Kişisel Görüşme, İstanbul, 2001.

seren Seçkin ise, ablası Ayten Seçkin'in İstanbul Teknik Üniversitesi Mimarlık Fakültesi'nde eğitim aldığı yıllarda, kendisi gibi mimar olmaya karar vermiştir[10]. Nefise (Türker) Abalıoğlu ve kardeşi Sümer Türker, İstanbul Teknik Okulu Mimarlık Bölümü'nde öğrenim görmüşlerdir[11].

Kardeşlerinin bir bölümü de, mimarlık gibi çeşitli "sanat" dalları ile ilgilenmişlerdir. Kimi resim, kimi iç mimarlık eğitimi almıştır. Bunda daha çok belirleyici olan, kardeşlerin aynı kurumda eğitim görme istekleri ve böylece aynı ortamda bulunabilmeleridir ki, onlara bu imkanı Devlet Güzel Sanatlar Akademisi sağlamaktadır.

Kimi ailelerin maddi yetersizlikleri, çocuklarının hepsinin yüksek öğrenim, hatta lise eğitimi, almalarına engel olmuştur. Bu durumdaki ailelerde, erkek çocukların eğitimlerini yarıda bırakmaları ve çalışarak ailelerine destek olurken, kız çocukların eğitimlerini sürdürmeleri dikkat çekicidir. Kendileri ağabeylerinin çok fedakar olduğu ve kuvvetli aile bağları bulunduğu için öğrenimlerini tamamlamadığı ifade etse de, gerçek nedenin kadınların çalışma ortamında bulunmalarının toplum tarafından hala kabul edilmediği ve alışılageldiği gibi ailenin maddi ihtiyaçlarını erkeğin karşılaması olduğu açıktır.

Yine özellikle dikkat çeken bir nokta, ailelerin kız çocuklarının eğitimine çok önem verdiklerinin özellikle vurgulanışıdır. Bu durum, Cumhuriyet sonrasında yaratılmak istenen, eğitimli ve diplomalı "yeni Türk kadını" imajıyla birebir bağlantılıdır. Dönemin çeşitli basılı yayınlarında, kadının yeni imajına yönelik pek çok konunun yer aldığı, modern kadının nasıl giyinip, nasıl makyaj yapacağına kadar her yönüyle anlatıldığı düşünüldüğünde, toplumun önemli kesiminin her konuda modernleşmeye inandığı ve desteklediği böylece söylenebilir. Yaşanan zorlu savaş yıllarının ardından içinde bulunulan refah ve ilerleme döneminde, "modernleşme"nin kadınlara da yüksek öğrenim hakkı tanınmasıyla (en başta mimarlık eğitimi) gerçekleşebileceği düşüncesinin kabul edilmesi bunun göstergesidir.

10 A. Seçkin, Kişisel Görüşme, İstanbul-Levent, 2001.
11 N. Abalıoğlu, Kişisel Görüşme, İstanbul-Akatlar, 2001.

Hem toplumunu, hem de kendini geliştirmek için uğraşan yeni Cumhuriyet devleti, her ne kadar kendine yeni bir başkent belirlemişse de, eğitimli nüfus yine İstanbul'da odaklanmıştır. Uzun yıllar boyunca, Osmanlı Devleti'nin yönetim yapısının ve buna bağlı olarak da toplumsal yapısının İstanbul merkezli bir sisteme oturmasıyla açıklanabilecek bu yoğunlaşma, belirli kentsel alt-merkezlerde odaklanmaktadır. Yaşam genellikle, Kadıköy ve Beşiktaş gibi ana yerleşim merkezlerinde ve çocuklarına eğitimlerini sürdürdükleri okulların yakınlarında bulunan Tünel, Gümüşsuyu, Nişantaşı, Moda ve Kızıltoprak gibi semtlerde sürdürülmektedir. % 60 gibi büyük bir çoğunluğun, çocukluk yıllarını İstanbul'da geçirdiği tespit edilmiştir. Küçük bir bölüm de oluştursa, yaz aylarını Suadiye gibi plajı olan sayfiyelerde geçiren aileler bulunmaktadır. Bu durumlarda, ailenin veya yakın bir akrabanın burada yazlık bir köşkü yer almaktadır.

Anadolu'daki yaşamın ise Zonguldak, Bursa, Edirne gibi belirgin bazı kentlerde toplandığı görülmektedir. Burada, bir mühendis kenti olan Zonguldak'ın, %10'luk bir kesimin çocukluklarını bu kentte geçirmeleri ile, ön planda bulunduğu görülmektedir. Ereğli Kömür İşletmeleri'nde çalışan ve meslekleri elektrik, inşaat mühendisliği olan babalar, kendilerine konut konforu ve maddi imkanlar sağlayan bu şehirde, aileleriyle bulunmaktadır. Kentin ileri gelenleri arasında bulunan bu mühendislerin toplumdan gördüğü "saygı", çocuklarının kendilerinden büyük oranda etkilenerek mimarlık mesleğini seçmelerine neden olmuştur. Yine, kendileri için söylenen "mühendis beyin kızı" sıfatı, çocukluk yıllarından itibaren hafızalarında önemli bir yer tutmaktadır. Hande (Çağlar) Suher'in babası inşaat mühendisi[12], Günsu Ertekin'in[13] ve Günsel (Ediz) Tezer'in babası elektrik mühendisidir[14].

12 H. Suher, Kişisel Görüşme, İstanbul-Nişantaşı, 2001.
13 G. Ertekin, Kişisel Görüşme, İstanbul-Emirgan, 2001.
14 G. Tezer, Kişisel Görüşme, İstanbul-Yeniköy, 2001.

Bunun yanısıra, babası subay veya öğretmen olanlar, çocukluk yıllarını çeşitli Anadolu kentlerinde geçirmişler, İzmir'den, Kars'a kadar pek çok şehir ve kasaba dolaşmışlardır. Gerektiğinde köy çocukları ile aynı sınıfı paylaşmış, diğer çocuklardan farklı bir yaşam sürmemiş olan bu çocuklar, % 17'lik bir dilimi oluşturmaktadır. Kimi zaman ailelerin, çocuklarına daha iyi bir eğitim sağlayabilmek amacıyla İstanbul'a yerleşmeyi tercih ettikleri görülmektedir. Bu ikamet yeri değişikliğini, genellikle çocukları ortaokuldan mezun olup lise eğitimine başladığı zaman geçekleştirmişlerdir. Bazense, Konya, Aydın, İzmir gibi kentlerde ikamet eden aileler, aynı nedenle, kızlarını eğitimleri için çeşitli büyük şehirlerde bulunan yatılı liselere göndermekte sakınca görmemişlerdir. Aileler çocuklarını başta İstanbul olmak üzere, Adana, Konya, İzmir gibi kentlere yatılı öğrenime göndermişlerdir. Hatta, kızlarının ablaları veya kardeşleri ile kalacakları evler kiralayan istisnai birkaç aile de bulunmaktadır. Mutahhar (Yalçın) Baykam, ailesi Akşehir'de ikamet etmesine rağmen, ablası ile birlikte yatılı olarak Adana Kız Lisesi'nde okumuştur[15], Latife (Öz) Gürer ise, yaşadığı kasabada lise bulunmaması nedeniyle, Konya'da ablası ile ev kiralamıştır[16].

Çocukların ilk ve orta öğrenimlerini ikamet ettikleri semtler ve kentlerde bulunan çeşitli okullarda tamamlamalarına rağmen, lise eğitimlerinde İstanbul'da bulunan belli başlı birkaç okulu tercih ettikleri görülmektedir. Beyoğlu Kız Lisesi (sonraki yıllarda Beşiktaş Atatürk Kız Lisesi), Cağaloğlu Kız Lisesi, Çamlıca Kız Lisesi, Kadıköy Kız Lisesi ve Erenköy Kız Lisesi gibi kurumlarda eğitim görenler, % 65'lik bir oranı meydana getirmektedir. İlginç olan, devlet liselerinden mezun olanların mimarlık mesleğini seçme oranının yabancı kökenli kız liselerine oranla çok daha yüksek oluşudur. Bu durum, erken Cumhuriyet eğitim sisteminin kızların teknik öğrenimine ne denli sıcak baktığını göstermektedir.

Mühendis kenti Zonguldak'ta ise bulunan tek lise, fen ve matematik derslerinin ayrı bir önem taşıdığını ifade ettikleri Mehmet Çelikel Lisesi'dir. Çocukluk yıllarını bu kentte geçiren mühendis çocukları bu kurumdan mezun olmuşlardır. Lise yıllarının belirli okullarda geçirilmesi, meslek seçimlerinde birbirlerinden etkilenmelerine ne-

[15] M. Baykam, Kişisel Görüşme, İstanbul-Beşiktaş, 2001.
[16] L. Gürer, Kişisel Görüşme, İstanbul-Taşkışla, 2001.

den olmuştur. Lise yıllarında başlayan arkadaşlıklarını koparmamak amacıyla aynı üniversiteyi ve bölümü tercih etmişler veya birbirlerine hangi dalda yüksek öğrenim alacakları hakkında etki yapmışlardır.

Yine de 1930'larda, kızların yüksek öğrenim almalarının doğal karşılandığından söz edilemez. Bu nedenle, orta öğrenimlerini tamamlayan kızlar, eğitimlerine devam etmek istediklerinde, ileriki yaşamlarında kendilerine gerekli olacak, dikiş ve çocuk bakımı gibi konularda eğitim alacakları Kız Sanat Enstitüleri'ne ya da bir "kadın" için ideal olan öğretmenlik mesleğini yapabilmek için de Kız Muallim Mektepleri'ne devam etmeleri yolunda, ailelerinin baskılarıyla karşılaşmışlardır. Ancak, ailelerinin bu tavırlarını onaylamadıklarını, birkaçı dışında açıkça dile getirmekten kaçınmışlardır. Bu nedenle de, toplum yapısı açısından oldukça önemli olan bu konuda, kesin bir oran verilememektedir. Ancak 1950'li yıllara doğru gelindikçe, kendi ifadelerine göre, bir kız öğrencinin tıpkı erkek öğrenciler gibi yüksek öğrenim alması ve "erkek mesleği" olarak görülen çeşitli dallarda, yine "erkek okulu" olarak görülen çeşitli üniversitelerde bunu gerçekleştirmeleri toplum tarafından doğal karşılanmaya başlamıştır.

İlk yıllarda yüksek öğrenim almaları problem haline gelmişse de, sonraki yıllarda bu aşılmış, fakat yerini hangi dalda öğrenim görecekleri problemine bırakmıştır. Bu konuda, ailelerin, hatta anne ve babaların, çocuklarının görüşleri birbirinden oldukça farklıdır.

Annelerin genellikle, kendileri sahip olmak isteyip de çeşitli nedenlerle gerçekleştiremedikleri mesleki eğitimlerini, kızlarının almalarını arzu etmişlerdir. Bir "kadın"a daha çok yakışacağını düşündükleri tarih, iktisat, tıp gibi dallarda eğitim almalarını istemişlerdir. Babalarının istekleri de, kızlarının tıp veya eczacılık eğitimi almaları yönündedir. Aslında, bu isteğin sadece ailelere ait olmadığı ve kızlarının da bu doğrultuda davrandıkları, görüşme yapılan mimar kadınların yaklaşık % 45'inin bu bölümlerin kabul sınavlarına girmeleri ile açıkça görülmektedir.

Her iki durumda da kızlarının istekleri göz ardı edilmektedir; aileler için önemli olan çocuklarının "okumuş" olmalarıdır. Fakat mühendis olmakta ısrar eden kızlarına, babaları genellikle, "Mühendis olup da Anadolu'nun ücra köşelerinde yol, köprü mü yapacaksın? Ben seni oralara göndermem." diye tepki göstermiştir. Kızlarının arzuları karşısında da, mühendislik eğitiminin erkeklere daha uygun olduğunu belirterek, "kadın"lara uygun olan mimarlık mesleğine yönlendirmişlerdir. Bugün mimar olan kadınların, meslek tercihlerini yaparlarken % 65'inin ailelerinden gelen böylesi tepkiler ile karşı karşıya kaldıkları söylenebilir. Birkaç istisna durumda ise, mimar olmak isteyen kızların, inşaat mühendisi olan babalarından, inşaat mühendisliğinin mimarlıktan daha "üstün" bir meslek olduğu ve bu mesleği seçmeleri yolundaki görüşü ile karşılaştıklarına rastlanmaktadır.

Lise yıllarında aldıkları fen ve matematik derslerinin haricinde, müzik ve resim derslerine verilen önem de ileriki yıllarda meslek seçimlerinde etkili olacaktır. Özellikle üniversite öncesi eğitimini 1930'lu yıllarda tamamlayan kız öğrenciler, Erken Cumhuriyet yıllarının moda akımı olan bir takım "alafranga" hobilerle ilgilenmişlerdir. Bunların başında, kızlar arasında yapılan doğum günü partileri veya çay partilerinde kendilerine büyük itibar kazandıran, keman ve piyano çalmak gibi uğraşılar yer alırken, 1940'lı ve 1950'li yıllarda müzik aletleri yerini özel resim derslerine bırakmıştır.

Genelde lise yıllarında fen ve matematik derslerindeki başarıları ve okullarda bu derslere verilen önem, kendilerini eczacılık, tıp, kimya gibi dallara yöneltmiştir. Resim dersine yönelik özel ilgileri ve "yetenekleri" bir sanat dalında eğitim görme isteklerini arttırmıştır. Bu da, hangi dalda yüksek öğrenim görecekleri ikilemi ile karşı karşıya kalmalarına neden olmuştur. Bu durumda, en kolay yolu çözüm olarak seçmiş ve sanat ile matematik disiplinlerini birleştiren tek meslek olan "mimarlık" mesleği eğitimini tercih etmişlerdir. Neredeyse, % 90'ının böyle "kabul edilebilir" bir sebeple mimarlık eğitimini tercih ettikleri söylenebilir. Kuşkusuz, bu görünürdeki bir nedendir. Gerçekte, bu gerekçenin mimarlığın ne olduğuna ilişkin bir bilinçsizlikten başka birşeyi yansıtmadığı söylenebilir.

Lise yıllarında ve mimarlık eğitimleri süresince aldıkları "sanat" eğitimini kendileri için yeterli bulmayanlar, toplum tarafından "saygı duyulan" bir meslek sahibi olabilmek adına, kendi içlerinde bastırmak zorunda kaldıkları sanat eğitimi alma isteklerini, yıllar sonra da olsa gerçekleştirmişlerdir. Sonraki yıllarda aldıkları özel heykel ve resim dersleri ile çeşitli sergiler açan birkaç kişi bulunmaktadır. F. Akgül (Tunay) Meyer, heykele olan merakı nedeniyle, özel heykeltıraşlık kurslarına katılmıştır[17]. Özgül (Arıbay) Sungur ise, aldığı özel resim dersleri ile resim sergileri açmıştır[18].

Sayıları bir elin parmaklarını geçmese de, yurtdışında her alanda olduğu gibi, mimarlıkta da daha iyi bir eğitim alabilecekleri düşüncesiyle Avrupa'nın çeşitli kentlerindeki üniversitelerden mezun olan mimarlar da bulunmaktadır. Berlin Teknik Üniversitesi, Sheffield Üniversitesi ve Aachen Teknik Üniversitesi mezunları arasında bulunana bu mimarların eğitimleri, ailelerinin sahip olduğu maddi imkanlarla doğru orantılıdır. Nezihe (Kömürcüoğlu) Taner Berlin Teknik Üniversitesi[19], Benal (Çandır) White Sheffield Üniversitesi[20] ve Selma (Sun) Celasun ise Aachen Teknik Üniversitesi mezunları arasındadır[21].

İstanbul'daki üniversitelerde öğrenim görenler için, üniversite tercihlerinde belirleyici olan tek etmen sınav sonuçlarıdır. Üniversite eğitimlerine başladıkları ilk yıllarda, Mimar Sinan Üniversitesi ve İstanbul Teknik Üniversitesi arasında yaşanan rekabet ortamını ve mevcut eğitim sistemlerinin farklılıklarını bilmemektedirler. Kimi zaman, kökeni Yüksek Mühendis Mektebi'ne kadar uzanan İstanbul Teknik Üniversitesi'nde, bunun sonucu olarak erkek öğrencilerin daha fazla olması ve hala mühendislik eğitimi çerçevesinde "sanat olmaksızın" eğitim vermesi,

17 A. Meyer, Kişisel Görüşme, İstanbul-Şişli, 2001.
18 Ö. Sungur, Kişisel Görüşme, İstanbul, 2001.
19 N. Taner, Kişisel Görüşme, İstanbul-Bebek, 2001.
20 R. Gerçin, Kişisel Görüşme, İstanbul, 2001.
21 S. Celasun, Kişisel Görüşme, İstanbul, 2001.

bu kurumun tercih edilmesine neden olmuştur. Kimi zamanise, Mimar Sinan Üniversitesi'nin güzel sanatlar eğitimi vermek amacıyla kurulmuş olması ve buna bağlı olarak sanat –özellikle resim– eğitimini daha iyi verebileceği, teknik bir üniversitenin ise bunu yeterince sağlayamayacağı görüşü ağır basmıştır. Bu kurumda öğrenim görenlerin, % 30'luk bölümünün, sanata ağırlık verdiği gerekçesi ile bu kurumu tercih ettikleri belirlenmiştir. Ancak, kendi ifadeleri neticesinde, % 40'ının ayrım yapmaksızın, her iki kurumun da kabul sınavlarına girdikleri ve hangi sınavda başarılı oldularsa, o kurumda mimarlık eğitimi aldıkları görülmektedir.

Kimi zamansa, tamamen yabancı oldukları bu üniversite ortamında bir tanıdıklarının olması, o kurum için tercih sebebi olmuştur. Böyle durumlarda, o kurumda öğrenim gören kardeşlerin veya eğitim kadrosu içerisinde yer alan yakın akrabaların kendilerine yardımcı olacağı, en azından başlangıç döneminde bir tanıdıkları bulunacağı, aileleri için de kızlarının daha güvenli bir ortamda eğitim görecekleri görüşünü benimsemelerine neden olmuştur. Mimarlık eğitimi alacakları üniversiteleri seçerken, görüşme yapılan mimarların % 18'inde böylesi yakın akraba ilişkilerinin tercih sebebi olması, oldukça ilginçtir. Ancak, modernleşmenin bu aşamasında kadınların aileden özerkleşmesinin henüz emekleme dönemini yaşadığı düşünülürse, bu doğaldır.

Tüm bunların yanı sıra, üniversite seçimi yaparken oldukça "bilinçli" davrananlar da karşımıza çıkmaktadır. Bazılarının Devlet Güzel Sanatlar Akademisi Yüksek Mimarlık Bölümü'nün, henüz yeni kurulmuş olan İstanbul Teknik Üniversitesi Mimarlık Fakültesi'nden daha köklü bir eğitim kurumu olması nedeniyle, sadece bu kurumun kabul sınavlarına girdiği tespit edilmiştir. Bazıları ise, tüm yaşamı boyunca her konuda "tek" olmayı sevmesi ve İstanbul Teknik Üniversitesi'nin askeri kökenli bir mühendislik okulu olması nedeniyle az sayıda kız öğrencisinin bulunması, kendilerine bir anlamda "tek" olabilmeyi sağlayacağı amacıyla, sadece bu kuruma başvurmuştur. Ayten Seçkin, bu bağlamda İstanbul Teknik Üniversitesi'ni tercih ettiğini ifade etmiştir[22]. Bazıları da, resim ve heykel bölümlerinin bulunmasından dolayı, resim ve sanat eğitiminin daha "iyi" verildiğini düşündüğü, Devlet Güzel Sanatlar Akademisi'ne başvurmuştur.

İstanbul Teknik Okulu ise, kökleri diğer iki kurum gibi "sanat" veya "mühendislik" okuluna uzanmadığından daima üçüncü planda kalmıştır. Hatta, birçoğunun böyle bir mimarlık okulunun varlığından bile haberi olmadığına inanmak oldukça güçtür. Okulun kuruluş amacının mezunlarının ülke genelinde yol, köprü vb. yapımında çalışabilmeleri için bir teknik okul olarak kurulmasının, fazla tercih edilmemesinde payı vardır.

Üniversite seçimindeki diğer bir etken ise, diploma unvanlarıdır. İstanbul Teknik Üniversitesi Mimarlık Fakültesi, verdiği beş yıllık eğitim sonucunda mezunlarını "Yüksek Mühendis Mimar" unvanıyla mezun etmektedir. Devlet Güzel Sanatlar Akademisi Yüksek Mimarlık Bölümü'nde beş yıl eğitim gören öğrenciler, mezuniyetlerinde "Yüksek Mimar" unvanını taşımaktadır. İstanbul Teknik Okulu Mimarlık Bölümü ise, dört yıllık eğitimi neticesinde mezunlarına "Mimar" unvanını vermektedir. Dönem için prestij sağlayan unvan, tabi ki, mühendis mimardır. Ülkenin hangi köşesine giderlerse gitsinler, herkes onların "köklü" ve "büyük" İstanbul Teknik Üniversitesi mezunu olduğunu anlamaktadır.

Lise öğrenimini tamamladıktan sonra, % 45'i yüksek öğrenim yapmak adına –nasıl bir eğitim verildiğini bilmeksizin– İstanbul Teknik Üniversitesi, Mimar Sinan Üniversitesi ve İstanbul Üniversitesi'nin birbiri ile hiç ilgisi olmayan iktisat, tıp, resim, mühendislik, mimarlık, eczacılık, dişçilik gibi bölümlerinin sınavlarına girmişlerdir. Bu da, toplumda yüksek eğitime yönelmenin bilinçli yapıldığını, ama asla üniversite ve meslek seçiminin bilinçli yapılmadığını, mimar ve hukukçu ayrımını bile bilmeyecek, daha çok da önemsemeyecek kadar "tecrübesiz" olduklarını açıkça ortaya koymaktadır.

22 A. Seçkin, Kişisel Görüşme, İstanbul-Levent, 2001.

Üç eğitim kurumunun da verdiği eğitimin, toplum tarafından isimlerinde bulunan bazı özel kelimelerle ilintili olarak –teknik ve güzel sanatlar– algılanması, aslında mimar olmayı isteyenlerin, hatta ailelerin ve toplumun bile mimarlığın anlamını bilmediklerinin göstergesidir. Bu da, kadınların Batı'da kendilerine mimarlık eğitimi hakkı tanınmadan önce "diplomasız" olarak mimarlık pratiğinde yer almalarıyla yaşanan sürecin, neden Türkiye'de gerçekleşmediğini açıklamaktadır. Bu bakımdan, kadınlara 20. yüzyılın ikinci çeyreği gibi geç bir tarihte tanınan eğitim hakkını daha önceleri talep etmemeleri veya "diplomasız" olarak meslek pratiğinde yer almamaları doğal karşılanmalıdır.

Öyle anlaşılıyor ki, en azından başlangıçta mimar olma talebi kadınlardan gelmemiş, sadece devlet tarafından kadınlara sunulan bu olanak kullanılmıştır. Dolayısıyla, mimar olan kadınlar mezun olduktan sonra da, kendilerine devlet tarafından gösterilen kurumlarda çalışmaya başlamışlardır. Büyük bir bölümü, İstanbul ve Ankara merkezli kamu kuruluşlarında meslek yaşamlarını sürdürmüşlerdir.

Mezun oldukları dönemlere bağlı olarak, çeşitli zamanlarda mimarlığın farklı branşlarının popüler olduğu görülmektedir. 1930'lu yıllarda ve 1940'ların henüz başında mezun olan kadın mimarlar, daha çok eski eserlerle ilgilenmişlerdir. Devletin, kültür mirasalarını "tamir etmek" yolundaki politik görüşü sayesinde, oldukça önemli projelere imza atmışlardır. Rumeli Hisarı'nın restorasyonu, Yedikule Hisarı'nın restorasyonu, Topkapı Sarayı'nın restorasyonunun dışında, pek çok kentte çeşitli türbeler, camiler, çeşmeler, kütüphaneler vb. gibi yapıların onarımı gerçekleştirilmiştir. Cahide (Aksel) Tamer[23], E. Mualla (Eyüboğlu) Anhegger[24] ve Selma Emler gibi mimarlar, çeşitli restorasyon projelerinde bulunmuşlardır.

1950'li yıllarda mezun olan kadın mimarlar ise, büyük oranda şehircilik alanına yönelmişledir. Ayten (Rakunt) Çetiner[25], Betigül Çadırcıoğlu[26], Engin (Ölçmen) Erkin[27] gibi mimarlar şehircilik alanında çalışmayı tercih etmiş-

23 C. Tamer, Kişisel Görüşme, İstanbul-Levent, 2001.
24 S. Somersan, "Mualla Anhegger İle Görüşme", Türkiye Ekonomik ve Toplumsal Tarih Vakfı Sözlü Tarih Arşivi, İstanbul, 1993.
25 A. Çetiner, Kişisel Görüşme, İstanbul-Levent, 2001.
26 B. Çadırcıoğlu, Kişisel Görüşme, İstanbul-Levent, 2001.
27 E. Erkin, Kişisel Görüşme, İstanbul-Yeniköy, 2001.

lerdir. Bu yönelişte, İstanbul Belediyesi İmar Bürosu veya İmar ve Planlama Müdürlüğü gibi şehircilik çalışmaları yapan devlet kurumlarının, hocaları Kemal Ahmet Aru, G. Oelsner, P. Bonatz'ın başkanlığında kurulmuş olmasının büyük ölçüde payı vardır. Ayrıca, diğer devlet memurlarından farklı olarak, bu kurumlarda kendilerine dönem için oldukça yüksek maaşlar verilmektedir. 1954 yılında, üniversitede göreve başlayan bir araştırma görevlisi 150 TL maaş alırken, bu kurumda çalışanlar 2000 TL kazanmaktadırlar.

Dört veya beş yıllık eğitimini tamamlayan genç kadın mimarlar, meslek yaşamlarına atılırken de, babalarından duydukları mimarlığın erkek mesleği olduğu yolundaki görüşlerin etkisinde kalmışlardır. Erkek öğrenciler için kurulan mimarlık okullarına girme problematiği her ne kadar aşılmış olsa da, bu kez mimari uygulama alanı problem haline gelmiştir. Tıpkı Batı'daki benzerleri gibi, ailelerin, bir kadın inşaat sahasında nasıl çalışacak, "eğitim seviyesi daha düşük olan ustalar ve işçilerle nasıl iletişim kuracak ve onları nasıl idare edecek" gibi tepkileri ile karşılaşmışlardır. Doğal olarak, herhangi bir kamu kuruluşunda, hatta şehircilik alanında çalıştıklarında zaten bu gibi ikilemleri yaşamayacaklar, yalnızca büroda çizim yapacaklardır.

İstanbul Belediyesi, İmar ve İskan Bakanlığı, İller Bankası, Bayındırlık Bakanlığı gibi kamu kurumlarında çalışmayı tercih eden kadın mimarlar, toplamın % 80'inin meydana getirmektedir. Oldukça yüksek olan bu oran, yaratılmak istenen "modern" toplumda kadına verilen rol ile ilintilidir. Bu modernleşme sürecini daha önceleri yaşamış olan Batılı toplumlar model olarak seçilmiş ve bu ülkelerde kadınların her alanda yüksek öğrenim yapabildiği ve rahatlıkla çalışma ortamında bulunabildiği gözlemlenmiştir. Buna bağlı olarak da, aynı model uygulanmak istenmiştir. Ancak, daha önceleri yaşanan sancılı ve sıkıntılı geçiş süreci göz ardı edilmiştir.

Kadınlara yüksek öğrenim hakkı tanınmasıyla beraber, kadınlar sanıldığının aksine okullara hücum etmemişlerdir. Toplumun yaşadığı bu benimseme süreci de, kadınlara "artık istediğiniz her yerde, şantiyede, büroda, kamuda vs. çalışabilirsiniz" denilmediğinin ifadesidir.

Tüm bu yenilikler, kadının "kapalı" bir toplum örüntüsünden çıkarak çalışma ortamına adım atması çeşitli problemleri de beraberinde getirmiştir. Bu kez de, 19. yüzyıl Avrupası'nda da yaşanan kadının rolü ve sorumlulukları tartışmaları ortaya çıkmıştır. Aynı zamanda "anne" ve "eş" olan kadınların bu sorumluluklarını nasıl yerine getirecekleri sorunu gündemi meşgul etmiştir. Ama bu problem her konuda olduğu gibi, kendilerine toplum tarafından kolayca "kabul edilebilir" bir rol verilerek çözümlenmiştir: Kadın kamusal alana açılmış, ancak bu açılış uzun süre sadece devlet sektörüyle sınırlı kalmıştır. Dolayısıyla, kadının gerçek anlamıyla kamuya açıldığı düşünülemez. Kadınlara "yakışan" bu masa başı çalışma ortamı, hem toplumu çağdaş medeniyetler seviyesine yükseltmiş olacak, hem de modern toplum görüntüsü kazandıracaktı. Ayrıca, kadınlar da, ev dışındaki ortamlarda bir çeşit "kontrol" altında bulunacaklardı. Böylece, bu "sınırlı" alana kimse itiraz etmemiştir ve kadınlar için kamuya açılışın sınırları, yine erkekler tarafından belirlenmiştir.

Bu kamu kurumlarında çalışmaya başlayan kadın mimarlar, tüm meslek yaşamlarını burada geçirmişler ve özel sektöre açılmaya cesaret edememişlerdir. Böylelikle, kendilerinin de ifade ettiği gibi, sorumluluklarını üstlendikleri aile ve çocuklarından dolayı, mimarlık ortamında kaybolmuşlar ve isimlerini duyuramamışlar, ancak mesleki açıdan "ikinci plan"da kalmayı kabullenmişlerdir. Zaten kadının gerçek çalışma alanı çocuklar ve aile olduğu için, bu konuda başarılı olmaları yeterlidir.

Tüm meslek yaşamlarını kamu kuruluşlarında geçirmiş olan kadın mimarların hemen hemen hepsi, daima içlerinde bastırdıkları serbest çalışmak, tek başına proje üretmek ve uygulama yapmak yolundaki mesleki arzularını da ancak emeklilik hayatlarında gerçekleştirmişlerdir. Yalnız, bu serbest çalışma ortamı, akraba ve arkadaş çevrelerine yaptıkları apartman ve konut projeleri ile sınırlı kalmıştır.

Kendi ifadeleri ile oldukça "gözü kara" ve "cesaretli" olan birkaç kadın mimar ise, mezun olduktan sonra doğrudan serbest çalışmaya başlamıştır. Sayıları ne yazık ki, bir elin parmaklarını geçmeyen bu mimarlar, özel bürolar kurmuşlardır ve halen çalışmayı sürdürmektedirler. Sühendan Poda, Birsen (Bozkaya) Kürkçüoğlu ve Perran Doğancı gibi mimarlar halen aktif olarak mimari bürolarında çalışmaktadırlar[28].

Eşleri de mimar olan kadınların, eşleri ile birlikte çalışmayı tercih ettikleri görülmektedir. Kurdukları özel bürolarında, genellikle yarışma projeleri üretmişler ve zaman zaman ödül de kazanmışlardır. Fakat, mimar olan erkek eşlerin yanında, kadın mimar çoğu kez "ikinci plan"da kalmıştır. Mesleki başarıyı üstlenen erkek olmuş ve kadına da olsa olsa pay verilmiştir.

Mimarlığın anlamını bilmeksizin eğitimlerine başlamış olmaları, mimarın çalışma alanı hakkında da bilgileri olmamasına neden olmuştur. Bazıları ilk kez bir mimar ile mimarlık okullarında tanışma fırsatı yakalamışlardır. Doğal olarak, öğretim üyelerinden çok etkilenmişler ve tıpkı onlar gibi üniversitelerin eğitim kadrosunda yer almak istemişlerdir. Kendi iddialarına göre, mezun oldukları yıllarda, hepsinin aklında akademik kariyer yapma düşüncesi yer alsa da, kimi ücretlerin az olması nedeniyle, kimi ise kadın oldukları gerekçesiyle kabul edilmemeleri nedeniyle bunu gerçekleştirememişlerdir. Nefise (Türker) Abalıoğlu, akademik kariyer yapma isteğini hocalarına ilettiğinde, pek de açığa vurulmayan böylesi bir tepki ile karşılaşmıştır[29]. Yine de, akademik yönde ilerleyenler, bugün hala çeşitli üniversitelerde ders vermektedirler. Üniversite yaşamı kadının "kontrollü" kamusallık/görünürlük kazanabildiği en canlı ve verimli alan olmuştur. Okul ortamında, ne işçiler ne ustalar vardır, ne de şantiye ortamındaki çalışma saati belirsizlikleri yaşanmaktadır.

Bazı kadın mimarlar ise, üniversite yıllarında çeşitli devlet kuruluşları tarafından burslu olarak okumuşlardır. O dö-

28 B. Kürkçüoğlu, Kişisel Görüşme, İstanbul-Nişantaşı, 2001.

29 N. Abalıoğlu, Kişisel Görüşme, İstanbul-Akatlar, 2001.

nemki sisteme göre, aldıkları bir yıllık burs karşılığında, mezun oldukları ilk yıllarda bu kurumlarda bir buçuk yıl süresince mecburi hizmet yapmaları gerekmektedir. Burslu okuduklarının ve kamu kurumlarında çalışma nedenlerinin bir "zorunluluk" olması, kendilerini rahatsız etmekte ve bu nedenle ifadesinden kaçınmaktadırlar. Böylece, İETT, Sümerbank ve İller Bankası gibi kurumlar, ihtiyaç duyduğu eğitimli elemanlarını bu şekilde bulabilmiştir.

Dönemin mimarlık ortamı için belirleyici unsur, yarışma projeleridir. Kadın mimarların, % 60'ı meslek yaşamları boyunca bir kez de olsa bu yarışmalara katılmışlardır. Kazanana büyük mesleki "prestij" getiren bu yarışmalarda, önemli dereceler elde edememişlerdir. 1950 sonrasının çalışma alanı genelde şehircilik olduğundan, katıldıkları yarışma projelerinde de şehircilik yarışmaları ön plana çıkmaktadır. Bunun yanında, kazandıkları yarışma projeleri sayesinde pek çok uygulama yapan kadın mimarlar da bulunmaktadır. Leman Tomsu, katıldığı birçok Halkevi Binası Tasarım Projesi yarışmasında birincilik kazanmıştır. Şaziment (Sayılgan) Arolat, Sevinç (Tüjümet) Hadi, Yurdanur Cansu ve Melahat (Filibe) Toplaoğlu gibi isimlere de yarışmalarda sık sık rastlanmaktadır[30].

Kimi kadın mimarlar da, Avrupa'nın çeşitli kentlerinde meslek yaşamlarını sürdürmüşlerdir. Gerek eğitim almak amacıyla, gerekse evlendikten sonra eşlerinin meslekleri nedeniyle gittikleri kentlerde çalışmışlardır. Fakat, sayıları oldukça azdır ve bu örnekler % 9'luk bir orandan öteye geçmemektedir. O dönemde, kadının "ev" ve "okul" ile sınırlandırılan ortamı, arkadaş çevresinde de belirleyici olmuştur. Sosyal ve toplumsal statüler, geçmişten gelen bir takım değerler, kadın ve erkek ilişkilerini oldukça dar bir çerçeve içine kısıtlamıştır. Bu bağlamda, kız öğrenciler ile erkek öğrencilerin arkadaşlık kurabilmelerine olanak sağlayan tek yer, okuldur. Bugün araştırma kapsamında incelenen evli kadın mimarların % 50'sinin eşlerinin de mimar olması gerçeği bunu açıkça göstermektedir. Eşleri ya sınıf arkadaşları, ya da bir üst sınıftaki bir öğrencidir.

30 Türkiye'de ilk kadın mimarın mesleğe adım atışı 1934 yılına işaret ettiği için bu yıldan sonraki yıllara ait dönemin basılı yayınları incelenmiştir. Bu bağlamda, dönemin *Arkitekt* ve *Mimar* dergileri üzerinde yapılan araştırmada, çeşitli yarışma projelerinde katılımcı olarak araştırma kapsamındaki kadın mimarların adlarına rastlanmıştır. Daha ayrıntılı bilgiye ulaşmak için dönemin dergileri incelebilir.

Yoğun iş temposunu ve mesleki sorumluluk ile ailenin sorumluluğunu taşıyamayacaklarını mazeret göstererek, % 18'i hiç evlenmemiştir. Bu konunun özel yaşama ait olması, detaylı inceleme yapmayı engellemektedir ve görüşme yapılan kadın mimarlar bu alanda bir tür otosansür uygulamaktadır.

Evli olanların ise, genellikle üniversiteden mezun olduktan bir yıl sonra evlenmeleri dikkat çekicidir. Bunun nedeni de, muhtemelen, bir yıl boyunca çalışma ortamında bulunarak, bir takım zorlukları yaşamaları ve bazı mesleki durumlarda yanlarında bir erkeğe ihtiyaç duymalarıdır. Belki de, meslek sahibi olmaları evlenebilme fırsatlarını arttırmaktadır. Ancak, bunun araştırılması mümkün olmamıştır.

Dönem için bir "erkek" mesleği olan mimarlıkta, uygulama alanında veya şehir dışında yapmaları gerekli olan bazı işlerde oldukça sorun yaşamışlardır. Yalnız başlarına şehir dışına gitmekten kaçınmışlar ve her seyahatte eşlerinin kendilerine refakat etmesini istemişlerdir. Burada, aynı meslekte ve aynı ortamda bulunmanın avantajını yaşamışlardır. Bunun yanı sıra, daha geç dönemlerde, tek başına kolaylıkla şehir dışına çıktıklarını ve hiçbir sıkıntı yaşamadıklarını ifade edenler de olmuştur.

Kadın mimarlar, aile kökleri, ebeveynlerinin istekleri veya eşlerinin durumları ne olursa olsun, kendi adlarını ve imzalarını taşıyan projeler üretmek gibi kaygılar taşımaksızın, çeşitli kurumlarda ortak projelerin içerisinde yer almışlardır. Bu durum da, pek çoğunun isminin toplumda duyulmamasına ve günümüze dek ulaşamamasına neden olmuştur. Bunu çoğu kadın mimar, görüşme talebi kendilerine iletildiğinde verdikleri "Ben çalışmanıza konu olabilecek kadar önemli bir iş yapmadım, sadece belediyede memur olarak çalıştım; bu nedenle size yardımcı olamam" yanıtıyla, kendi ifadeleri de desteklemektedir.

Sonuç, en azından 1934 ile 1960 yılları arasında, hatta daha sonraki on yıllarda da, kadınların mimar diploması almayı başarmaları, ama gerçek mimari etkinlikler içerisinde bulunamamaları olmuştur.

Bu makalenin esasını oluşturan veriler, Yıldız Teknik Üniversitesi Fen Bilimleri Enstitüsü Mimarlık Tarihi ve Kuramı Yüksek Lisans Programı'nda yapmakta olduğum "Türkiye'de İlk Kadın Mimarlar" başlıklı tez çalışmasının malzemesinin bir kısmından oluşturulmuştur.

KADIN VE MEKAN ETKİLEŞİMİ

SERAP KAYASÜ

Batı düşüncesindeki en önemli ikilemlerden biri de doğa ve kültür arasındaki ayırımdır. Bu ikilemi gözden geçirmek sadece Batı düşüncesindeki insan kavramını anlamak için değil, coğrafya disiplinindeki temel ayrımı kavramak için de gereklidir. Sosyo-mekansal dünyayı irdeleyen insan coğrafyası (beşeri coğrafya) ile doğal çevreyi irdeleyen fiziksel coğrafya arasındaki ayırım bu ikilemden kaynaklanır.

Uzun zaman önce Simone de Beauvoir doğa ve kadın arasındaki benzetmelere değinmiş[1], özellikle feminist bilim tarihçileri doğanın kadınsı, kültürün erkeksi özelliklerle özdeşleştirilmesini eleştirmişlerdir[2]. Bu anlamda doğa-kültür ikilemi üzerinden gerçekleşen ayırımın özünde doğayı kontrol etmeyi hedefleyen bir güç ilişkisini barındırdığı vurgulanmalıdır.

Coğrafya disiplini kapsamında insan ve mekan etkileşimlerini inceleyen yaklaşımlar öncelikle farklılaşmış mekan tanımlarını gözden geçirmek durumundadır. Ancak, kadın ve mekan etkileşimlerinin kavramsallaştırılmasına yönelik yaklaşımlar başlangıçta bir set ikilemle karşılaşır. Kadın ve mekan etkileşimlerini çözümlemeyi hedefleyen yaklaşımların öncelikle bu ikilemlerin ötesine geçmesi gerekir.

Toplumsal cinsiyetin oluşum süreçleri ile çevrenin oluşum süreçleri karşılıklı etkileşimle birlikte gerçekleşir. Analitik anlamda, toplumsal cinsiyet çevreyi oluşturan bir güç olurken; kültürel çevre de toplumsal cinsiyetin oluşmasında bir öğe olma durumundadır[3]. Bu anlamda

[1] S. De Beauvoir, *The Second Sex*, Picador, Londra, 1988.
[2] E. Fox Keller, *Reflections on Gender and Science*, Yale University Press, New Haven, 1985.
[3] S. Mackenzie, "Restructuring the Relations of Work and Life: Women as Environmental Actors, Feminism as Geographic Analysis", *Remaking Human Geography*, A.Kobayashi ve S. Mackenzie (der.), Unwin Hyman, 1989, s. 43-44.

4 Bu konuda kapsamlı tartışma için bkz. D. Massey, *Spatial Divisions of Labor: Social Structures and the Geography of Production*, Methuen, 1984.

5 S. Kayasü, "Değişen 'Dünya Düzen'leri, Değişen 'Kadın'lar: Toplumsal Cinsiyetin 'Değişen' İçeriği", *Toplum ve Bilim*, 1997, s. 75.

6 Sanayinin yeniden yapılanması ve bundan etkilenen işgücü süreçlerine dair tartışma 1980'li ve 1990'lı yıllar boyunca coğrafya disiplini içinde çok yaygın olarak tartışılmıştır. Bu tartışma için çok sayıda yayın taranabilir. Ancak buradaki tartışmaya dair iyi bir örnek için bkz. G.R. Wekerle ve B.Rutherford, "The Mobility of Capital and the Immobility of Female Labor: Responses to Economic Restructuring", *The Power of Geography*, J. Wolch ve M. Dear (der.), Unwin Hyman, 1989.

7 L. McDowell, "Women, Gender and the Organisation of Space", *Horizons in Human Geography*, D. Gregory ve R. Walford (der.), Macmillan, 1989.

mekan ve sosyo-ekonomik ilişkilerin yansıtıldığı edilgen bir platform olumsuz bir belirleyicidir[4]. Toplumsal cinsiyetin ve çevrenin içeriği zamanda ve mekanda birarada evrilerek karşılıklı etkileşimle değişir.

Kadın ve mekan etkileşimlerine yönelik kavramsallaştırmaları etkileyen en önemli olgu kadınların işgücüne katılımıdır. Daha da önemlisi, kadın ve mekan etkileşimine dair tartışmada aşılması gereken ikilemlerin çıkış noktası da bu olgudur.

Bugün içinde yaşadığımız dünyanın belki de daha önce görülmemiş ölçeklerde hızlı bir değişim süreci geçirmekte olduğu giderek etkilerini daha fazla hissettiğimiz bir gerçekliktir. Özünde uluslararası sorunlara yönelik kaygılar barındıran 1960'lı yılların sosyal hareketlerini, 1970'li yılların ortalarından bu yana süren ve giderek küreselleşen ekonomik durgunluk ile artan işsizlik sorunlarının izlediği gerçeği sadece değişik akademik disiplinlerin tartışma alanlarının değil, gündelik yaşamın da konusunu oluşturur.

Sosyo-ekonomik dönüşümler toplumsal cinsiyetin içeriğini de ciddi olarak değiştirdi[5]. Bu dönüşümün özünde kadınların işgücüne katılımındaki niteliksel ve niceliksel değişim vardır. Niceliksel anlamda 1980'li yıllar Batı Avrupa ve Kuzey Amerika'da kadınların işgücü süreçlerine daha önce görülmemiş oranlarda katılımını simgeler[6]. Bu dönemde üretimin ve ekonominin yeniden yapılanmasını izleyen işgücü süreçlerinin yeniden yapılanması ancak kadın işgücünün hareketlenmesiyle olanaklı olabilmiştir. Başka bir deyişle, kadınların işgücüne katılımındaki artış ile işgücü süreçlerindeki niteliksel değişim eşzamanlı olmuştur. Dahası, işgücü süreçlerindeki niteliksel değişimin özünü oluşturan esneklik ve güvencelerin azaltılması ancak kadınların işgücüne katılımındaki artışla hayata geçirilebilmiştir. Bu süreçlerin coğrafya disiplini açısından çok önemli sonuçlarının olması iki nedenle açıklanabilir[7]. Birincisi, küresel ekonomi ölçeğindeki değişimlerle, bölgesel üretim ve işgücü dokuları arasındaki ilişkilerin sosyomekanın dönüşümü üzerindeki etkileri ile ilgilidir. İkinci önemli sonuç ise, kadınların işgücüne katılım süreçlerindeki önemli artışlarla birlikte kentsel alan kullanımlarına dair mekansal dağılımların zaman ve mekan etkileşimi boyutunda ciddi olarak sorgulanmasının gerekliliğidir.

Kişilerin zamanlarının ve mekanlarının giderek artan biçimde çalışma ve yaşama yönelik olarak farklılaşması ondokuzuncu yüzyılın ürünüdür. Bu farklılaşma bir yandan işyeri ve ev mekanlarının birbirlerinden ayrılmasının bir fonksiyonu olurken, bir yandan da bu ayrılmayı destekler[8].

Sanayi öncesi toplumun özelliği olan ev-atelyeden günümüzdeki ev-işyeri farklılaşmasına geçişi kapsayan bu dönüşüm, hem toplumsal cinsiyet rollerinin farklılaşması, hem de farklı toplumsal cinsiyet gruplarının farklı mekanlarla özdeşleştirilmesi ile yakından ilgilidir. Kısaca mekandaki farklılaşma ile toplumsal cinsiyetin belli mekanlarla özdeşleştirilme süreçleri birbirine koşut olarak gelişmiştir[9].

[8] S. Mackenzie, "Women in the City", *New Models in Geography* vol.2, R. Peet ve N.Thrift (der.), Unwin Hyman, 1989.
[9] Bu konuda daha erken bir tartışma için bkz. S.Kayasü, "Kadın, Evde Üretim, Konut", *Diğerlerinin Konut Sorunları* (Habitat-II Ön Konferansı) içinde, E. Komut (der.) TMMOB Yayını, Ankara, 1996.
[10] Kayasü, a.g.e., s. 141-42.
[11] L. C. Johnson, "Gendering Domestic Space: A Feminist Perspective on Housing", *New Zealand Journal of Geography*, 90, s. 20-24.

Günümüzde giderek artan biçimde ücret karşılığı çalışmanın evin mikro-ölçekli coğrafyası içinde nasıl içerildiğini inceleyen çalışmalar ve başka yaklaşımlar çalışma ve yaşam, işyeri ve ev, üretim ve yeniden üretim, kamusal alan ve özel alan ikilemlerinin yeniden sorgulanmasını önerirler[10]. Tıpkı doğa ve kültür ikileminde olduğu gibi, kadınla özdeşleştirilen ve yeniden üretimin gerçekleştiği özel alan ile üretimin gerçekleştiği ve erkeğe ait olan kamusal alan arasında olduğu varsayılan kesin ayırım aşılmadan, kadın ve mekan etkileşimlerinin dinamiğine dair çözümlemeler yetersiz olacaktır.

Doğal olarak toplumsal cinsiyet ve mekan etkileşimi konut ölçeğini aşar. Ancak bu aşamada vurgulanması gereken önemli bir nokta şudur: Özel alanla özdeşleştirilen kadına geleneksel olarak "doğal" mekanı sayılan konut içerisinde dahi "kendine ait bir mekan" tanımlanması en azından sık rastlanan bir durum değildir. Johnson[11], örneğin, erkeğin geleneksel olarak konut içinde çalışma veya bahçe odası gibi kişiye özel mekanları olma geleneği varken, kadınların mekanı olarak görülen oturma odaları ve rüya mutfakların asla kişiye özel mekanlar olamayacağına dikkatimizi çeker[12]. Bu noktadan hareketle evin koruyucu mu, yoksa kısıtlayıcı mı olduğu tartışmaları da geliştirilebilir[13].

Kadınların kent mekanını kullanmalarına dair süreçler 1980'li yıllardan bu yana davranışsal çalışmaların odaklandığı önemli konulardan biri olmuştur. Bu kapsamda kadınların kentteki hareket alanlarının sosyo-mekansal sınırları görgül araştırmalar kapsamında incelenmiştir. Kentsel işlevlerin kalbi niteliğindeki kent merkezi ile banliyö konutlarından oluşan kent parçaları arasındaki farklılaşmayı ataerkil güç ilişkileri ile özdeşleştiren yaklaşımların[14] yanısıra, çalışma alanları ile yaşam alanlarının ayrı bölgeler olarak tanımlanmasının kadınlara özel marjinal alanlar yarattığını vurgulayan yaklaşımlar[15] aslında "bölünmüş kent"i vurgulamaktadırlar. Bölünmüş kent kavramının özünde kamusal ve ekonomik alanları erkeklere, özel ve sosyal alanları da kadınlara ait gören yaklaşımların eleştirisi vardır[16]. Bu anlamda toplumsal cinsiyet kategorilerine göre kurgulanmış kamusal alan-özel alan ikileminin modern kapitalist toplumun temelini oluşturduğu ve bunun da kent planlama ve tasarlama süreçleri ile güçlendirildiği vurgulanmıştır[17]. Bu ele alış içinde, kadınların kısıtlı hareket alanları ve ulaşım kolaylıklarına daha güç kavuşabilmeleri nedeniyle işgücüne katılımlarının zorlaştığı belirtilebilir. Bu anlamdaki mekansal eşitsizlik, işgücü süreçlerinin yeniden yapılanması ve istihdam yaratıcı fonksiyonların mekansal dağılımının yeniden gözden geçirilmesi ile azaltılabilir. Ayrıca Winchester'in de belirttiği gibi, kadınların aile içindeki rollerinin bir uzantısı olarak görülen tüketici rolleri gereği en fazla kullandıkları alış-veriş mekanlarının dağılımının da diğer kentsel alan kullanımları ile birlikte ve içiçe düşünülmesi gerekir ki bugün özellikle İngiltere'de hayata geçirilmek istenen karışık alan kullanımı kavramının bu tür taleplere de cevap vermek üzere kurgulandığı düşünülmektedir.

[12] H.Winchester "The Construction and Deconstruction of Women's Roles in the Urban Landscape", *Inventing Places, Studies in Cultural Geography*, K. Anderson ve F. Gale (der.), Longman Cheshire, 1992.
[13] J. Monk, "Gender in the Landscape: Expressions of Power and Meaning", *Inventing Places, Studies in Cultural Geography*, K. Anderson ve F. Gale (der.), Longman Cheshire, 1992.
[14] Monk, a.g.e., s. 130.
[15] Winchester, a.g.e., s. 152.
[16] G. Wekerle, "Women in the Urban Environment", *Women and the American City*, C. Stimpson vd. (der), University of Chicago Press, Chicago, 1981.
[17] G.Wekerle; R. Peterson; D. Morley, "Introduction", *New Space for Women*, G. Wekerle et.al. (der.), Westview Press, Boulder, Colorado, 1980.

Kadınların mekansal hareketliliği, kaynaklara ulaşımı ve bunlara ulaşılabilirliği engelleyen güç ilişkileri gündelik yaşamı inceleyen çalışmalar çerçevesinde de ele alınmıştır. Toplumsal süreçler içinde mekanın kullanımı, kimlik oluşumu ve gizil güç ilişkileri arasındaki etkileşim gündelik yaşam çalışmalarının odağını oluşturur[18]. Coğrafya disiplini içinde gündelik yaşamın tekrar eden davranışlarının incelenmesine olanak veren analitik araç zaman coğrafyası olmuştur[19]. Mekanın sosyo-ekonomik ilişkilere dair dinamizmin ayrılmaz bir ögesi olduğunu savunan yaklaşımdan hareketle, zaman-mekan etkileşiminin sosyal yaşamı olduğu kadar farklılıklara referans veren kimlik oluşumunu da belirlediği vurgulanmalıdır. Mekan, bu anlamda, sosyal farklılıkların görülebilir veya görülemez olması üzerinden hareketle kimliklerin oluşumunda önemli bir ögedir. Gerek konut gerekse kent ölçeğinde kadının da ait olduğu mekanların marjinal olması veya olmaması boyutu bu noktada önem kazanmaktadır. Pratt ve Hanson[20], kadınların konut veya kent parçası anlamında, belli bir yerde gettolaşma problemini aşarak, kent mekanında hareket alanlarının genişlemesi sonucunda kimliklerinin de hareket alanları ile ilişkili olarak akışkanlaşacağını belirtirler. Bu aşamada farklılıkları tanımlayan kültür altyapısı ile işgücüne katılım süreçleri arasında vurgulanan bağ önemlidir. Çünkü sonuçta çalışma da kültürel bir süreç olarak görülmektedir[21]. Çalışma yaşamının, dolayısıyla işyerinin yaşamın diğer alanlarından soyutlanması sadece kimlik boyutunda değil, kent mekanındaki hareketliliğin değerlendirilmesi boyutunda da eksik yorumlara götürecektir. Dahası buradaki içiçelik kamusal alan ve özel alan arasında olduğu varsayılan ayırımların yapay olduğunu da gösterir.

18 C. Katz & J. Monk (der.) *Full Circles, Geographies of Women over the Life Course*, Routledge, New York, 1993.
19 Bkz. D. Parkes & N. Thrift, *Times, Spaces and Places: A Cronogeographic Perspective*, John Wiley & Sons, 1980.
A.Giddens, *The Constitution of Society: Outline of the Theory of Structuration*, Polity Press, London, 1984.
20 G. Pratt & S. Hanson, 'Geograpy and the Construction of Difference', *Gender, Place and Culture*, 1(1), 1994.
21 Pratt & Hanson, a.g.e., s. 10.

YAZARLAR

NESLİHAN TÜRKÜN DOSTOĞLU

Doç. Dr. Neslihan Türkün Dostoğlu Bursa'da doğdu. İlkokulu Bursa'da, orta ve lise öğrenimini Robert Kolej'de tamamladı ve 1978'de ODTÜ Mimarlık Bölümü'nü bitirdi. Aynı bölümde yüksek lisans derecesini aldıktan sonra Fulbright ve University of Pennsylvania burslarını kazanarak eğitimini sürdürmek üzere ABD'ye gitti, 1986'da University of Pennsylvania'da doktorasını tamamladı. ODTÜ ve University of Pennsylvania'da araştırma görevliliği yapan Dostoğlu, ABD'den Türkiye'ye dönüşünün ardından iki yıl serbest mimar olarak çalıştı, daha sonra Eskişehir Anadolu Üniversitesi'nde 1988-1990 yılları arasında yardımcı doçent olarak görev yaptı. Bursa'da dört yıl serbest çalıştıktan sonra Uludağ Üniversitesi Mühendislik-Mimarlık Fakültesi'ne bağlı Mimarlık Bölümü'nün 1994'te açılmasıyla birlikte akademik kariyerine devam etti. 1997 yılında doçent unvanını alan ve 1997-2000 yılları arasında Uludağ Üniversitesi'nde Mimarlık Bölüm Başkanlığı görevini üstlenen Dostoğlu, halen aynı kurumda Bina Bilgisi Anabilim dalında öğretim üyesidir. Bursa Kültür ve Tabiat Varlıklarını Koruma Kurulu, Bursa Büyükşehir Belediyesi Estetik Kurulu ve *Mimarlık* dergisi yayın kurulu üyesi olan Neslihan Dostoğlu'nun yurtiçinde ve yurtdışında yayınlanmış pek çok makalesi, *Osmanlı Döneminde Bursa* başlıklı bir kitabı ile çeşitli mimari proje yarışmalarında kazandığı ödülleri bulunmaktadır.

ÖZLEM ERKARSLAN

Doktorasını "The Issue of Cultural Identity in the Islamic Intelligentsia and the Aga Khan Awards for Architecture" adlı doktora tezi ile Dokuz Eylül Üniversitesi Mimarlık Fakültesinde tamamlamıştır. İzmir Yüksek Teknoloji Enstitüsü Mimarlık Fakültesinde halen öğretim üyesi olarak çalışmaktadır. Mimarlık tarihi ve eleştirisi konularında ders vermekte ve araştırmalarını sürdürmektedir.

SERAP KAYASÜ

Serap Kayasü 1990'dan bu yana ODTÜ Mimarlık Fakültesi Şehir ve Bölge Planlama Bölümü Öğretim Üyesidir. Lisans eğitimini bu bölümde tamamlayan Kayasü, Yüksek Lisans eğitimini University of Waterloo, Kanada'dan, doktorasını Orta Doğu Teknik Üniversitesi'nden almıştır. İlgi alanları: Kadın ve mekan; kadın işgücü; kültürel coğrafya; küreselleşme süreçleri ve planlama. Bu konularda ulusal ve uluslararası sempozyumlara bildiriler sunmuş ve makaleler yayımlamıştır.

YEKTA ÖZGÜVEN

1978 yılında İzmit'te doğdu. İlkokulu Ankara'da, ortaokulu Çanakkale Anadolu Lisesi'nde ve lise öğrenimini Beşiktaş Atatürk Anadolu Lisesi'nde tamamladı. 1995 yılında girdiği Yıldız Teknik Üniversitesi Mimarlık Fakültesi Mimarlık Bölümü'ndeki öğrenimini, 1999 yılında bitirdi. Aynı yıl başladığı Yıldız Teknik Üniversitesi Mimarlık Fakültesi Mimarlık Tarihi ve Kuramı Yüksek Lisans Programı'nda, halen *Türkiye'de Kadın Mimarlar* konulu tez çalışmasını sürdürmektedir. 2002 yılında, aynı kurumda Araştırma Görevlisi olarak çalışmaya başlamıştır.